PHP
Business Shinsho

入門 ビットコインとブロックチェーン

Yukio Noguchi
野口　悠紀雄

PHPビジネス新書

はじめに

本書は、仮想通貨（とくにビットコイン）と、その基礎技術であるブロックチェーンについて、平易に解説した入門書です。

この1年程度の間に、仮想通貨に対する関心が急速に高まりました。関連記事が、毎日のように新聞で見られます。また、雑誌も仮想通貨に関する特集を組んでいます。

この背景には、仮想通貨が著しく値上がりしているため、新しい投資対象として注目を集めているという事情があります。

しかし、仮想通貨は、これまでの投資対象とは全く異なる性質を持っていますので、それについての知識が不可欠です。知識がなければ、詐欺にあうなどの被害を受ける危険があります。

もともと金融商品は、仕組みが複雑であるために詐欺の道具に使われやすいのですが、仮想通貨は従来の金融商品とは全く違う新しい仕組みのものなので、さらに理解が困難であり、詐欺に使われやすいのです。

十分な理解なしに仮想通貨に巨額の資金を投入することは、極めて危険です。詐欺でなくても、仕組みについて十分な理解なしに操作や取引を行なえば、思わぬ損害を被る危険があります。

仮想通貨やブロックチェーンは、全く新しいものであるために、説明は容易ではありません。

正確に説明しようとすると、専門用語を用いなければならなくなります。コンピュータサイエンスや金融に関する概念や用語を避けて通ることは、不可能です。ところが、これらを正確に理解するのは大変です。

本書では、正確さは損なわないようにしつつ、かつ専門的な用語や概念の使用は最低限にとどめ、説明を行なうよう試みました。コンピュータサイエンス（とくに暗号理論）や金融について全く予備知識を持っていなくとも、読み進めることができます。

Q&A方式で説明していますので、関心がある事項のみについて拾い読みすることもできます。

ところで、日本人の仮想通貨に対する関心は、「値上がりする新しい投資対象」という面に偏りすぎていると思います。その半面で、値上がりの背後にある技術革新にはあまり関心が持たれていません。

重要なのは、技術革新です。ブロックチェーンという新しい情報技術は、インターネットを通じて経済的な価値を送ることを可能にし、様々な新しい経済活動の可能性を切り開きつつあります。それは、インターネットの登場そのものと同じくらいの重要性を持っています。

ビットコインなどの仮想通貨は、ブロックチェーン応用の1つの形態です。これによって、地球規模でほぼゼロのコストで送金できるようになり、グローバルな経済活動の形態は大きく変わります。

しかし、日本人は、そうした変化によって生じる仮想通貨の値上がりしか頭にないように思われます。仮想通貨を用いて、革新的なプロジェクトを始めようとする動きが、残念ながら、出てきていないのです。いま世界で起きているビジネスモデルの歴史的大転換に、日本だけが取り残されていると考えざるを得ません。

本書は、このような日本の現状を、少しでも変えてゆくことを願って書かれています。

各章の概要は、以下のとおりです。

第1章では、代表的な仮想通貨であるビットコインの概要を説明します。とくに、従来の電子マネーとどのように違うのかを説明します。また、ビットコインの安全性や、フィンテック（情報技術の金融への応用）との関連についても述べます。

第2章では、ビットコインを実際に購入したり使ったりする場合に、どのような手続きを踏めばよいかを述べます。利用にあたっては、アドレスやパスワードなどを管理する必要がありますが、その際にどういった点に注意を払えばよいかを説明します。また、課税の問題にも触れています。

ビットコインなどの仮想通貨は、マイクロペイメント（ごく少額の支払い）を可能にします。また、国際決済を極めて低いコストで実現します。このように、我々の経済活動を、大きく改善する効果を持ちます。

第3章では、銀行が発行しようとしている仮想通貨について説明します。メガバンクなどの銀行が独自の仮想通貨を発行する計画を持っています。さらに、中央銀行が仮想通貨を発行する可能性もあります。こうしたことが実際に起これば、社会の構造は大きく変わるでしょう。とくに中央銀行が仮想通貨を発行する場合には、送金という作業が著しく簡単に行なえるようになるでしょう。

ただしその半面で、銀行業務への影響や、プライバシーの面などで、大きな問題が生じることも予想されます。

我々は、いま大きな分岐点に立っていることに注意する必要があります。

第4章では、仮想通貨の基礎技術であるブロックチェーンについて説明します。これは、電子的な情報を記録する仕組みですが、重要なのは、データの改ざんができないことです。

これによって、取引をする相手の組織を信頼しなくても、インターネットを通じて経済的な価値を送ることが可能になりました。「マイニング」や「プルーフ・オブ・ワーク」など、他の分野では出てこない（しかし、ブロックチェーンを理解するには不可欠な）特殊な概念についても説明します。

第5章では、ブロックチェーンの応用を取り上げます。証券、保険、資金調達などの面で、従来の金融業務を代替する可能性があります。金融技術革新の中で最も重要なのは、ブロックチェーンの活用です。また、ブロックチェーンの応用は、金融以外の分野にも広がります。その例として、商品の履歴追跡や予測市場などの試みを紹介します。

このように、ブロックチェーンは、経済活動の様々な場面において、経済効率を高めていくでしょう。

ただしその半面で、新しい技術体系には、従来の社会構造と整合的でない側面もあります。まず、産業構造に大きな変革をもたらすでしょう。新しい産業が古い産業にとって代わるとき、摩擦が生じるかもしれません。また、人々の働き方にも重大な影響を及ぼします。現在人間が行なっている仕事を代替することになるわけです。これらの意味において「破壊者」としての側面を持っていることは、否定できません。

第6章では、ブロックチェーンのもう1つの応用分野として、シェアリング・エコノミーを取り上げます。シェアリング・エコノミーは急速に成長していますが、現在の仕組みは、UberやAirbnbなどの仲介企業が存在することによって運営されています。しかし、これは過渡的な形態であって、いずれそうした機能はブロックチェーンによって代替され、自動化されていくものと考えられます。

第7章では、IoT（モノのインターネット）へのブロックチェーンの応用を紹介します。日本では、「IoTとは、すべてのモノをインターネットで接続すること」と紹介されることが多いのですが、こんなことをしては、経済的に不合理であるばかりでなく、ハッキングに対する脆弱性が増大することとなります。経済的に合理的なＩｏＴの普及のためには、ブロックチェーンの応用が不可欠です。

第8章では、ブロックチェーンを用いた究極的な組織である「ＤＡＯ」（分散自律型組織）について説明します。ビットコインは最初のＤＡＯであると考えることができますが、今後、同じような自動化企業が増大することが考えられます。ＡＩ（人工知能）は労働者を代替するのですが、ＤＡＯは経営者を代替することになります。つまり、「経営者のいない企業」が登場するのです。

本書の執筆と刊行にあたって、ＰＨＰ研究所書籍制作局の宮脇崇広氏、同、中村康教氏、ＰＨＰ研究所『ＴＨＥ21』編集部の吉村健太郎氏に大変お世話になりました。ここに御礼申し上げます。

２０１７年11月

野口悠紀雄

入門　ビットコインとブロックチェーン　目次

2. ビットコインは安全か？ 44

3. キャッシュレス社会とフィンテック 49

第2章　ビットコインを実際に使うには

- ビットコインをウォレットで管理するには、どのようにすればよいのですか？
- 「ビットコインアドレス」と「ウォレットID」はどう違うのですか？
- QRコードをホームページなどに公開して、ビットコインの払い込みを受けることができますか？
- 仮想通貨のことをなぜ「暗号通貨」というのですか？　暗号理論について何も知らないのですが、使えるでしょうか？
- ビットコインの匿名性はどうなっていますか？
- インターネットについてよく知らないのですが、そうであっても、使えるでしょうか？
- 仮想通貨を用いて経済活動を行ない、利益を得た場合には、税金がかかるのですか？
- 遺産を仮想通貨で受けた場合には、相続税がかかるのですか？

第3章　銀行が仮想通貨を発行する

・メガバンクが仮想通貨を発行すると聞きますが、本当ですか？
・ビットコインと全く同じものを、銀行が発行するということでしょうか？
・メガバンクは、何のために仮想通貨を発行するのですか？
・銀行の仮想通貨は、広く使われることになるでしょうか？
・他行発行仮想通貨との関係で、問題は何ですか？　固定価格制では、どんな問題が発生しますか？
・変動価格制にすれば、問題を回避できるのですか？

2. 中央銀行が仮想通貨を発行する可能性も

・仮想通貨の広がりに、中央銀行はどう対応するのでしょうか？
・なぜ中央銀行が仮想通貨を発行するのでしょうか？
・中央銀行が発行する仮想通貨の利用が広がると、どんな変化が生じますか？
・中央銀行が仮想通貨を発行すると、銀行業務にどのような影響がありますか？
・銀行預金の消滅などとは、誰も望まない馬鹿げたことではないでしょうか？
・中央銀行が仮想通貨を発行する世界で、貨幣供給量をどうコントロールするのですか？

第4章　ブロックチェーンとは何か？

- ブロックチェーンは、これまでの電子データ記録システムとどこが違うのですか？
- 集中管理システムと分散システムの基本的な違いは何ですか？
- P2Pとは何ですか？　誰がP2Pに参加しているのですか？　P2Pは何をしているのですか？
- 「ハッシュ関数」とは何ですか？
- 「マイニング」とは、どんな作業ですか？
- ノードとマイナーは同じものですか？
- 私もマイニングをしてみたいのですが、できますか？
- ブロックチェーンのデータは、なぜ改ざんできないのですか？
- プルーフ・オブ・ワークは、無駄な作業ではありませんか？
- 「ビザンチン将軍問題」とは何ですか？
- ビットコインのP2Pには、どのくらいの数のノードが参加しているのですか？
- フォークとは何ですか？
- ソフトフォーク、ハードフォークとは何ですか？
- 「51％攻撃」とは何ですか？

第5章　ブロックチェーンの応用が広がる

第6章　シェアリング・エコノミーとブロックチェーン

第7章　ＩｏＴとブロックチェーン

第8章　分散自律型組織ＤＡＯが作る未来社会

図表目次

第1章

ビットコインとは何か？

1. ビットコインの仕組み

Q ビットコインとは何ですか？

ビットコインとは、インターネットで使うことができる通貨です。

利用する側から見ると電子マネーに似ていますが、次に述べるように、電子マネーとは全く異なる方法で運営されています。

２００９年に最初に発行され、現在では多くの人が利用するまでに成長しています。

ビットコインは怪しげなものだと考えている人がいまでもいます。詐欺だとかバブルだとかいう批判も絶えません。これまで存在しなかった全く新しい通貨なので、理解されにくく、こうした批判が生じるのも止むを得ない面があります。

しかし、ビットコインはコンピュータサイエンスの進歩によって可能になった大きな技術革新であり、将来に向けて大きく発展することが期待されているものなのです。

なお、ビットコインと似た仕組みの新しい通貨がすでに多数発行されており、これらは「仮想通貨」と総称されています。

Q ビットコインと電子マネーは違うものですか?

ビットコインと電子マネーは全く別のものです。最大の違いは、管理者の有無です。電子マネーには、管理者がいて、それがマネーのやりとりを仲介しています。つまり、中央集権的な仕組みで運営されています。

例えば、日本で最も使われている電子マネーの一つであるSuicaでは、ＪＲ東日本という企業が、各利用者の残高を管理しています。最近では、Apple PayやLINE Pay、中国のアリペイなどが登場してきましたが、これらは全て、仮想通貨ではなく電子マネーであり、管理者が存在します。

しかし、ビットコインの場合には、そのような管理者が存在せず、利用者が直接に情報をブロックチェーンに送信することによって、取引がなされています。「ブロックチェーン」とは、ビットコインの取引情報を記録する仕組みです。これについては、第4章で詳しく説明しますが、管理者が存在せず、コンピュータの集まりによって運営されています。つまり、管理者なしに通貨の取引が可能になっているのです。

この他にも、ビットコインと電子マネーには、次のような違いがあります。

（1）電子マネーは国際取引には使えませんが、ビットコインは世界的な通貨です。

（2）電子マネーは円での価格が固定されていますが、ビットコインの価格は変動します。

クレジットカードも電子マネーと似ていますが、銀行の送金システムを利用することによって運営されています。その意味で、旧来の仕組みなのです。

電子マネーやクレジットカードは、我々の生活を便利にします。ただし、社会を覆すほどの大きな変化ではありません。例えば、クレジットカードは銀行の送金システムを利用しているため、利用コストを一定の限度より低くすることはできません。

しかし、ブロックチェーンや仮想通貨は、社会の構造を一変させる大きな変化です。

電子マネーは、そうした変化が起こるまでの過渡的な存在と考えられます。

図表1-1　電子マネーと仮想通貨の違い

	管理主体	流通	価格
電子マネー	あり	1回限りの使用	固定
ビットコイン	なし（P2Pが運営）	転々流通	変動
銀行が発行する仮想通貨	あり	転々流通	固定

図表1-2　ビットコインの価格推移（1ビットコイン当たりドル）

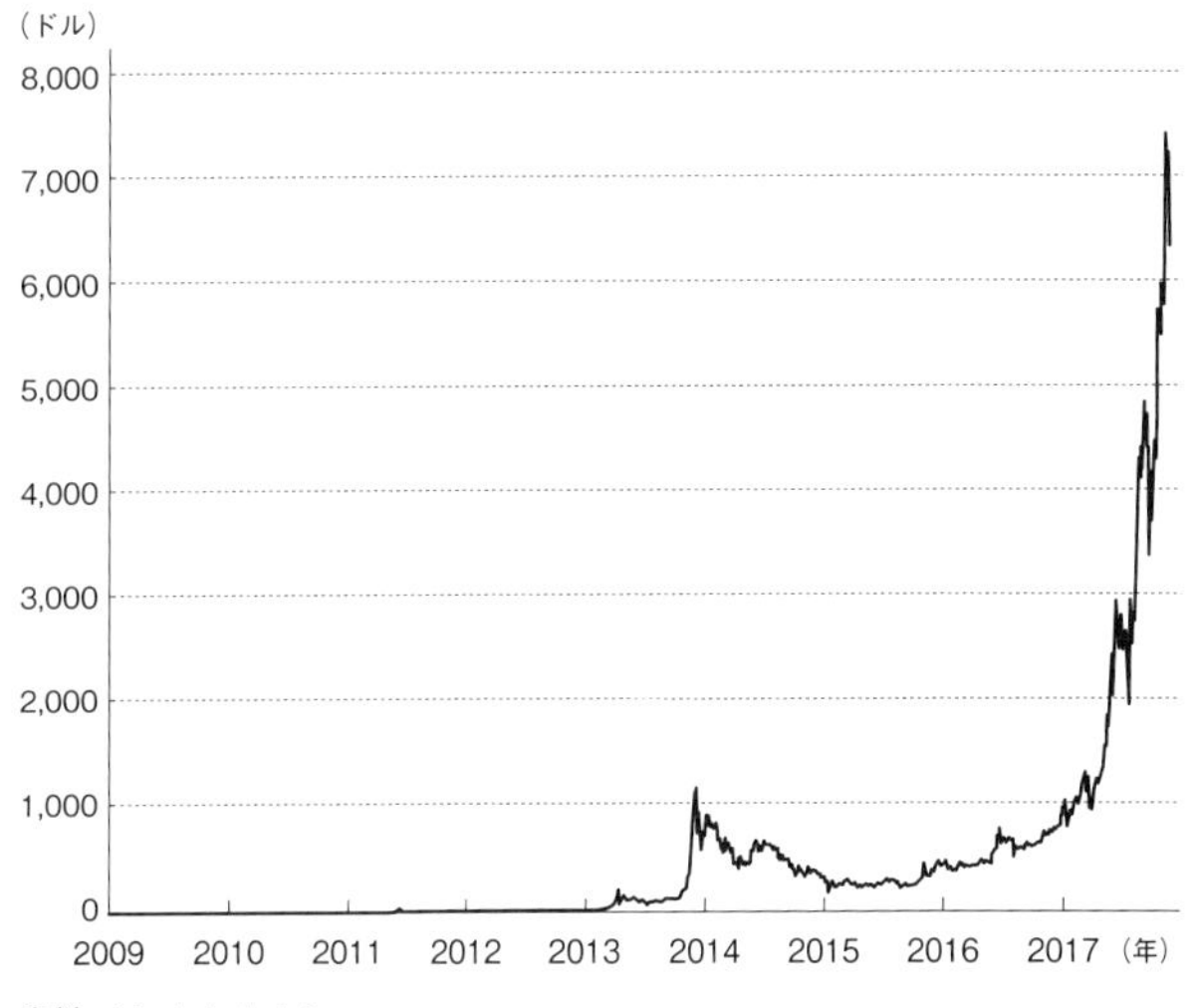

資料：blockchain.info

Q ビットコインの価格推移はどうなっていますか?

ビットコインは、2009年から運営が始まりました。それ以降の価格推移は、図表1-2に示すとおりです。

2013年の3月に、キプロスでビットコインへの資本逃避が生じ、一般の注目を集めました。

2013年12月には、中国の人民元からの資本逃避の手段としてビットコインが使われ、価格が1ビットコイン=1100ドルを超えました。この事態を受けて、中国政府は、中国の銀行がビットコインの取引に関与することを禁止し、ビットコインの価格は下落しました。その後、価格は下落傾向をたどり、2015年には200ドル台となりました。

ところが、15年秋から上昇に転じ、12月には400ドルを超えました。傾向的な上昇は16年においても続き、17年2月には1000ドルを超えました。その後は、最高値を更新しつつあり、17年11月上旬には7400ドルに近づいています。

Q ビットコイン全体の経済的な価値は、どの程度のものですか?

ビットコインの時価総額は、2017年11月上旬に、1233億ドル（約14兆円）になりました。2016年秋には約1兆円でしたので、この1年間で約14倍に増加したことになります。

日本の株式会社の時価総額と比較しますと、これを超えるものはトヨタ自動車（約23・4兆円）しかありません。三菱UFJフィナンシャル・グループ（約10・6兆円）より大きく、三井住友フィナンシャルグループ（約6・4兆円）やみずほフィナンシャルグループ（約5・2兆円）の2倍を超えています。

ただし、従来型の通貨との比較で見れば、ビットコインの規模は、比べものにならないほど小さいものです。

日本の通貨である日本銀行券だけをとっても、残高は約100兆円です（正確には、2017年10月末で101・5兆円）。世界全体で見れば、仮想通貨は通貨全体のうちでごく一部の比重しか占めていません。

Q ビットコインの発行量はどうなっているのですか?

ビットコインは、公開された2009年からほぼ10分ごとに発行されていますが、およそ4年ごとに新規発行量が半減します。ビットコインの残高は、2017年10月末で約1665万ビットコインですが、合計2100万ビットコインを上限とすることが最初から決まっています。2140年頃に2100万ビットコインとなり、そこに達すれば新規発行は終了し、それ以上は増えません。

なお、すでに述べたように、仮想通貨はビットコインだけではありません。それらは、ビットコインとは異なる供給スケジュールを持っています。

ビットコインの供給量が将来一定になるのは問題だとの意見もあります。しかし、仮にビットコインが供給スケジュールの点で問題を持つとしても、他の仮想通貨がそれに代替することは十分に考えられます。このように、仮想通貨間の競争によって、最も適切な構造を持つ仮想通貨が選ばれてゆくことになるでしょう。したがって、ビットコインだけではなく、仮想通貨全般を対象として捉え、評価を行なう必要があります。

図表1-3　仮想通貨の時価総額

順位	名称	時価総額（百万ドル）
1	Bitcoin	123,307
2	Ethereum	30,004
3	Bitcoin Cash	10,665
4	Ripple	8,466
5	Litecoin	3,403
6	Dash	2,537
7	NEO	2,115
8	NEM	1,834
9	Monero	1,791
10	IOTA	1,525

注：2017年11月9日のデータ
資料：Cryptocurrency Market Capitalizations

Q ビットコイン以外には、どんな仮想通貨がありますか？

仮想通貨はビットコインだけではありません。多数のコインが日々誕生しており、2017年10月現在、世界には1200を超える仮想通貨が存在しています。ただし、時価総額が500万ドル以上の仮想通貨は300種類程度です。図表1－3には、時価総額で見てトップ10位までの仮想通貨を示します。

ビットコイン以外の仮想通貨は、「アルトコイン」(altcoin：alternative coin の略）と総称されることがあります。これらの中にはビットコインのクローンにすぎないものもありますが、ビットコインとは異なる方法で運営されているものもあります。

注目すべき新しい仮想通貨としては、エセリウム（Ethereum）やリップル（Ripple）があります（Ethereum は、日本では「イーサリアム」と表記されることが多いのですが、これは誤りです。アクセントは第1音節でなく、第2音節にあります）。

どちらも明確な発行主体を持ち、ビットコインとはやや異なる原理で動き、異なる目的を持っています。ビットコインのブロックチェーンをそのまま利用するのではなく、その弱点を克服し、機能を拡張しています。

エセリウムやリップルなどは、ビットコインの単なるクローンではなく、新しい機構と機能を持つという意味で、「ビットコイン2・0」と呼ばれることもあります。

Q エセリウムとは、どのような仮想通貨ですか？

エセリウムは、ユーザーが独自に定義した様々なスマートコントラクト（第5章の2参照）やアプリケーションを実行するためのプラットフォームとして用いられます。

様々な契約や業務を自動的に実行する構想が、エセリウム上で次々と登場しています。

これらの中には、第5章の3で紹介する予測市場Augurや、第6章で紹介するLa'Zooz、Colony、Slock.itなどがあります。

エセリウムはブロックチェーン（第4章の1参照）によって運営され、管理者が管理するわけではないため、システムがダウンすることはありません。12秒に1回承認作業を行ないます。

エセリウムにおける取引手数料やスマートコントラクトの実行手数料は、Gas（ガス）と呼ばれます。Gasはエセリウム内の基軸通貨であるETH（イーサ）で支払われ、作業によって使用手数料が定められています。Gasの額は取引の送信者が設定することができ、額が多いほど、その取引が優先して承認される可能性が高くなります。

エセリウムは、2015年7月に最初のバージョンが運用開始されました。

図表1－3に示すように、エセリウムの時価総額は、ビットコインに次いで2位になっています。

Q リップルとは、どのような仮想通貨ですか？

リップルは、ビットコインとは仕組みが大分違います。

リップルのシステムで重要な役割を果たすのは、「ゲートウェイ」です。

ゲートウェイは、円などの現実通貨を預かって、IOU（I owe you の略）という借用書を発行します。送金は、これを用いて行なわれます。

例えば、Aさんが自分の口座があるゲートウェイに100万円を入金すると、ゲートウェイはIOUを発行します。Aさんは、このIOUを、リップルのシステムを通じて、Bさんに送ります。Bさんは、自分の口座があるゲートウェイにそのIOUを提示し、それと引き換えに100万円を受け取ります。これで、AさんからBさんへの100万円の送金ができたことになります。

ここで、IOUの価値は、それを発行したゲートウェイに依存していることに注意が必要です。仮にゲートウェイが破綻したり、返済の約束を守らなかったりすれば、価値がなくなります。

なお、リップルには、内部で使用されるXRPという仮想通貨があります。XRPの基本的な役割は、送金の際の手数料として用いられることです。XRPは、リップルのGasになっているわけです。XRPは誰かに支払われるのではなく、使った時点で消滅します。

また、XRPは「ブリッジ通貨」としての役割も担っています。マイナーな国の通貨のIOUと交換したい場合に、XRPを仲介として用いるのです。

なお、IOUをXRPに替えることもできます（価格は変動します）。

XRPやIOUの取引は、ブロックチェーンで運営されていますが、プルーフ・オブ・ワーク（第4章の1参照）は行なわず、承認者による承認が行なわれます。これは、「コンセンサス」と呼ばれます。

図表1－3に示すように、リップルの時価総額は、ビットコイン、エセリウム、ビットコインキャッシュに次いで第4位になっています。

2. ビットコインは安全か？

Q ビットコインなどの仮想通貨は、誰かが価値を保証しているのですか？

ビットコインには、価値の保証はありません。

ただし、これは、ビットコインだけの話ではありません。

マネーがなぜ価値を持つのかは、実は、難しい問題です。

日銀券は、いまは、兌換銀行券ではありませんので、何の価値バックアップもありません（兌換銀行券とは、金本位制度下で各国の中央銀行によって発行された銀行券で、金との兌換が保証されていました）。

もちろん、日銀券は法定通貨（法貨）で、強制通貨です。その意味で、価値の裏づけがあるといえなくはありません。

しかし、普通の人が日銀券を受け入れるのは、「他の人が受け入れる」と思うからです。現代社会の管理通貨は、他の人が貨幣だと思うから、貨幣になっているのです。

その意味で、「なぜマネーがマネーとして受け入れられるか」について、仮想通貨と現実の通貨の間に本質的な差はありません。これは、仮想通貨に特有の問題ではなく、マネー一般の問題だということです。

Q 管理者がいないシステムは革新的だと思いますが、やはり、信頼できる管理者である日銀やFRB（連邦準備制度理事会）などの中央銀行があるほうがよいのではないでしょうか?

日銀やFRBが信頼できる組織かどうかは分かりませんが、管理者がいることには間違いありません。管理者がいる仕組みが物事を効率的に決められることも、多分間違いないでしょう。

ポイントは、基本的な思想の違いです。例えば政治システムを考えてみてください。民主主義は非効率です。独裁者がいて物事を決めたほうが効率的で、すぐ決まります。「だから独裁のほうがよい」と考える人もいるでしょう。しかし、非効率ではあるけれども、独裁は嫌だという人もいます。

経済的な活動を行なう事業体の場合、民主的に物事を決める事業体は、いままでありませんでした。初めて登場したのが、ビットコインなのです。管理者がいるのといないのと、どちらがよいかは、基本的な思想の問題です。

Q マウントゴックス破綻事件などを考えると、ビットコインは危ないのではないでしょうか？

2014年にビットコインの取引所であるマウントゴックスでビットコインが盗まれ、同取引所は引き出し停止に追い込まれて、破綻しました。この事件を受けて、マスメディアは、「ビットコインは破綻した」と報じました。そして、「ビットコインはいかがわしいもの」という考えが一般の人々の間に広まりました。

しかし、これは大きな間違いです。マウントゴックスは、円やドルをビットコインに替えるための両替所にすぎなかったからです。マウントゴックスは、ビットコイン取引の運営を行なっていたのではありません。ですから、マウントゴックス事件は、ビットコインの仕組みの問題ではありません。一取引所にすぎないマウントゴックスが破綻したからといって、ビットコインの信頼自体は全く揺るがなかったのです。

譬えるなら、現金輸送車がギャングに襲われて現金が強奪されたとき、「日銀券のシステムが破綻した」というようなものです。現金輸送車の日銀券が奪われたからといって、日銀券への信頼はびくともしないのです。

それだけではありません。実は、マウントゴックス事件は、ビットコインの価値を証明したともいえるのです。

なぜなら、「泥棒は価値があるものしか盗まない」からです。これは、泥棒の第1法則とも呼べるものでしょう。さらに、第2法則があります。「泥棒は自分が盗んだらダメになってしまうものは盗まない」ということです。

ギャングが現金輸送車を襲うのは、日銀券の価値を認めているからであり、自分たちが盗んでも日銀券は無価値にならないという確信があるからです。ビットコインも同じです。「盗んだらビットコインが破綻する」と思ったら、誰もそんなものは盗みません。ビットコインの価値を認めているからこそ、盗んだのです。

実際、その後、ビットコインの取引は拡大しています。また、ブロックチェーンの活用は、通貨以外にも広がり、様々な取り組みがスタートしています（第5章参照）。

仮想通貨というと、日本ではネガティブな印象を持たれがちです。しかし、これが金融技術における極めて大きな革新であることを、正しく認識する必要があります。

3. キャッシュレス社会とフィンテック

Q 日本でも、キャッシュレス化が進行するのでしょうか?

キャッシュレス化は、多くの国で進行しています。

例えばスウェーデンは、電子マネーの普及で、ほとんどキャッシュレスになりました。

中国でも、キャッシュレス化が急速に進展しています。オンラインマーケット社アリババの子会社が発行している「アリペイ」という電子マネーが普及しており、屋台での買い物もアリペイで行なわれているといいます。

ところが、日本は世界で最もキャッシュレス化が進んでいない国です。

日本人は現金が大好きです。多分、銀行のATMがあり過ぎるからでしょう。銀行が発達し過ぎているから、こうなるのだと思います。

Q 仮想通貨の仕組みが、いまの金融システムを完全に代替することがあり得るのでしょうか？

理論的には、ビットコインの利用が広まって、いまの通貨制度を代替する可能性はあり得ます。ただ現在のところ、仮想通貨の普及度は極めて低いので、話になりません。

ビットコインが銀行の預金通貨を代替するようになれば、銀行に預金を持つ人がいなくなりますから、銀行は信用創造できなくなる可能性もあります（なお、銀行が信用創造できなくなるのは、ビットコインが普及する場合だけではありません。中央銀行が独自の仮想通貨を発行したときに、よりあり得ることです。第3章参照）。

通貨システムの改革は社会に大きな影響を与えるため、時間がかかります。ただし、人々の考え方が変われば、ごく短い時間で実現する可能性も秘めています。

Q フィンテックとは何ですか?

フィンテックとは、金融へのＩＴ（情報技術）の応用です。各分野のフィンテックは、図表１－４に示すとおりです。

フィンテックの第１のカテゴリーは、送金・決済です。

その先駆け的な存在は、１９９８年に設立されたPayPal（ペイパル）です。これは送金のサービスです。インターネットで買い物をして送金する場合、通常使われる手段はクレジットカードですが、これにはいくつかの問題があります。PayPalはこうした問題を解決するためのサービスとして生まれました。

同社は、その後ネット・オークションサイトであるeBayに買収されて、その子会社となりましたが、２０１５年７月に独立して株式を公開しました。その時の時価総額が、約５２０億ドル、つまり約６兆円となったのです。これは親会社のeBayの時価総額を超えるものでした。時価総額が６兆円といえば、日本では三井住友フィナンシャルグループと同程度です。このことから見ても、フィンテックがいかに重要な存在になりつつあるかが分かります。

最近では、スマートフォンの利用拡大に伴って、様々な新しいサービスがスマートフォン上で提供されるようになりました。

まず、ネットにおける送金サービスがあります。これはPayPalのようなサービスをさらに簡単に使えるようにしたものです。例えば、Stripeなどのサービスがあります。

また、現実の店舗におけるクレジットカード決済を簡単化するサービスもあります。従来の方式では店にカードの読み取り機を備える必要がありますが、これをスマートフォンを用いて行なうものです。例えばSquareなどがあります。

フィンテックの第2のカテゴリーは、貸付業務です。貸出を銀行を経由せずに行なうことが行なわれています。これをソーシャルレンディングといいます。

第3のカテゴリーは、保険です。例えば、個人の運転状況のデータを車につけたセンサーから収集し、それにあわせて保険料率を個人ごとに決める保険などが考えられています。この他にも、ビッグデータの活用による新しい保険が考えられています。

第4のカテゴリーは、人工知能（ＡＩ）とビッグデータを用いることにより、投資アドバイスを行なうことです。

図表1－4　フィンテックの様々な分野
(ブロックチェーンを用いないもの)

●送金
(1) ウエブの送金
PayPalが元祖フィンテック
Stripe、SPIKEなど

(2) スマートフォンによる
モバイル決済
Squareなど

●貸し付け
ソーシャルレンディング

●保険
ビッグデータの活用による
きめ細かい保険

●AIによる
投資コンサルティング

なお、図表1－4に示したフィンテックの大部分は、従来型の情報技術を用いるものです。これに対して、ビットコインは、これまで見たように、従来の情報技術とは全く異なる技術に立脚しています。これは、第4章で述べる「ブロックチェーン」という技術です。ブロックチェーンは、ビットコインに限らず、図表1－4に示した多くの分野において、従来型の技術を代替すると考えられます。

Q フィンテックをめぐる日本の状況は、どうなっていますか?

フィンテックをめぐる状況は、日米でかなり違います。

アメリカでは、ＩＴのスタートアップ企業がディスラプター（破壊的革新者）となって、既存の金融機関の仕事を奪おうとしています。このため、金融機関は危機感を持っているのです。

ところが、日本の状況は、これと逆ではないかと思われます。つまり、銀行がスタートアップ企業を買収して取り入れてしまう傾向があります。

実際、２０１６年5月の銀行法の改正で、銀行による金融関連ＩＴ企業等への出資要件が緩和されました。こうなると、銀行が外部のスタートアップ企業に新技術の開発をアウトソースするのではなく、スタートアップ企業を買収して、自社内に取り込んでしまうことになります。

そうしたことになれば、既存の銀行にとって都合がよいように技術を開発していくことになるのではないでしょうか。これによって、日本が技術開発において、後れていくことが懸念されます。

Q フィンテックを発展させるために重要なのは、何ですか?

いま世界で大きな変化が生じており、日本が乗り遅れています。日本でこうしたサービスが発展しない理由としては、様々なことが考えられますが、大きな原因は規制です。規制が新しい事業を妨げる場合が見られます。技術的に可能であっても、規制のために実現できないというケースが少なくないのです。

とりわけ問題なのは、特定の業種における参入規制です。例えば、金融サービスについては、強い規制が加えられています。送金業務や貸出し業務は、従来は銀行しか行なうことができませんでした。銀行の免許を得るのは、極めて大変なことです。新しい技術が開発されたとしても、それを業務として行なうことができない状態であったわけです。

これらの規制は、その後緩和されました。例えば送金については、銀行以外の事業主体であっても、業務が行なえることとなりました。同様のことは貸出しについてもなされ、銀行以外がこの業務を行なえることになりました。

ただし、これは、多分に形式的な規制緩和です。参入が実質的に簡単になったわけでは必ずしもありません。例えば、送金業務を行なうためには、送金業者として金融庁に登録する必要があります。しかしこの登録のためには、様々な条件を満たす必要があります。また仮に登録が認められたとしても、実際の業務で本人確認義務を課されるなど、かなりの制約が加えられます。

本当の意味での規制緩和こそが重要です。

Q 仮想通貨が広く用いられるようになると、問題が発生することはありますか?

第1の問題は、税の徴収に関係します。仮想通貨による取引は匿名性を有しているため、捕捉できない取引が発生する可能性があります。したがって、仮に仮想通貨による取引が拡大すると、徴税に支障が生じる危険があります。

第2の問題はキャピタルフライト（資本逃避）です。国民が自国通貨の将来に信頼を持てなくなると、ビットコインを購入して、ドルなどの価値が安定した通貨に乗り換えるなどの動きが発生しえます。

これは、単なる可能性ではなく、現実に起きたことです。２０１３年の3月に、キプロスでビットコインへの逃避が生じました。また中国の人民元でも、同様の動きが発生しました。このような事態は、国の存立に関わる重大な脅威です。

これを受けて、中国政府は、中国の銀行がビットコインの取引に関与することを禁止しました。

4. ビットコインの分裂騒動

Q ビットコインは、どのような人々によって運営されているのですか?

ビットコインには、次のようなグループが関係しています。

第1は「コア開発者」です。彼らは、ビットコインのプロトコル（ビットコインの取引を処理するためのコンピュータの手続き）を書いています。彼らは、ボランティアで仕事を行なっています。これがビットコインのインナーサークルともいえるグループです。ただ、他にも関係者がいるので、全てが彼らの思うとおりにはなりません。

第2に「取引所」があります。取引所は、ビットコインと円やドルなどの現実通貨を交換して、手数料収入を得ています。

第3に「マイナー」がいます。彼らは、ビットコインの取引をブロックチェーンに記録する役割をしています（第4章参照）。この作業は「マイニング」と呼ばれますが、そこから一定の報酬を得ています。マイニングの成否は、ほとんど「ハッシュパワー」と呼ばれる計算力で決まってしまいます。このため、中国のアント・プールなど少数のマイナーによる寡占状態になっているといわれます。

どんな事業でも、様々なグループが関連しています。彼らはステークホルダーと呼ばれます。そして彼らの利害は一致しないことがあります。その場合、株式会社などの組織では、最終的な意思決定機関が決定をします。

ところが、ビットコインにおいては、グループの考えの違いを強権的に解決するのではなく、民主主義的に決定するシステムになっています。このため、なかなか決まらないのです。

このことは、ビットコインの仕組みに欠陥があることを意味するわけではありません。従来の組織とは違う原理によって運営される事業が、いま試練に直面しているということです。

ビットコインと同じようにブロックチェーンによって自動的に運営される事業は、今後増えると思われますので、ビットコインがこの問題をどのように解決できるかは、大変注目されるところです。

Q ビットコインが抱えている問題は、何ですか？

ビットコインが現在抱えている問題は、処理スピードが遅いことです。ビットコインの取引速度は、クレジットカードと比べて非常に遅いのです。いまの仕様のままで取引が増えると、取引がなかなか承認されない状況になってしまう惧（おそ）れがあります。

それでは困るので、ビットコインの仕様を拡張し、機能を向上させることが、数年前から課題になっていました。これは、「スケーラビリティ」と呼ばれており、様々な提案がなされてきました。

しかし、どのように拡張をするかについて、ビットコインに関連している人々の合意が得られなかったのです。

Q 問題解決のために、どのような解決が考えられたのですか?

改善の提案は2つあります。

1つはブロックのサイズを拡張しようという提案です。ここで、「ブロック」とは、10分間のビットコインの取引記録を収納する箱のようなものです。いまのビットコインの1ブロックは1メガバイトの容量ですが、それを2メガあるいは8メガ、16メガにする提案です。

この提案はマイナーにとっては都合がいいのです。ブロックが大きくなれば、より多くの取引を処理することができるため、手数料収入が増えるからです。

ところが、コア開発者は望ましくないと思っています。ブロックのサイズが大きくなると、高性能のコンピュータでないと扱えなくなります。すでにマイナーは、中国のいくつかのグループによる寡占状態になっています。ブロックのサイズを大きくすると、その状況がさらに進んでしまう。コア開発者たちは、それは望ましくないので、別の方法が良いと考えています。

2つ目は、コア開発者からの提案で、ブロックのサイズは同じままで、データを圧縮して書き込める量を多くしようというものです。これはSegwit（セグウィット）という方法です。

Segwitは優れた方式ですし、ビットコインで少額の送金（マイクロペイメント）を行なう際にも必要になります。そこで、コア開発や取引所は、この方向を望んでいました。

ところがマイナーはあまり乗り気ではなく、大手マイナーである中国のジハン・ウーは大反対しました。彼は効率的にマイニングが行なえる機械を発明して、それを使って儲けていたのですが、Segwitが導入されるとそれを使えなくなります。Segwitは、そういうものを使えなくする意図もあって導入するのです。コア開発者はSegwitを導入したいけれどマイナーは反対で、二者の利害が対立していたのです。

この数年間、いろいろ会合が持たれましたが、合意ができませんでした。

コア開発者はしびれを切らして、２０１７年７月31日までに合意が成立しなければSegwitを強制的な方法で導入すると決めました。Segwitを採用していないブロックは、取引所が認めないというものです。「Segwitに対応しないでマイニングしても取引所が認めてくれないから、マイナーは自発的にSegwitを扱わざるを得なくなるだろう」という目論見です。

それに対して、マイナーはSegwit2xといわれる提案をしました。Segwitを導入し、かつブロックのサイズを倍に拡張するという提案です。結局のところ、Segwit2xが採用されることになりましたが、11月に予定されていた導入は中止になりました。

なお、ビットコインは、8月1日に分裂して、新たな仮想通貨ビットコインキャッシュ（BCC）が誕生しました。

また、2017年10月に、「ビットコインゴールド」がビットコインから分裂して誕生しました。

Q なぜビットコインの分裂騒動が起きたのですか?

右に述べた問題は、ビットコインの仕様改善方法をめぐる意見の違いによって生じました。

なぜ合意が成立しないのでしょうか?　これは従来の組織ではあり得ないことです。

株式会社などの事業体でも、利害の異なるステークホルダーが対立することがありますが、対立を解決する仕組みがあります。例えば株式会社で問題が起きた場合、最終的に意思決定する機関があります。このように、従来の組織は、中央集権的に問題を解決する仕組みになっています。ところが、ビットコインは、そのような仕組みになっていません。民主主義的な話し合いで決めるしかないのです。

民主主義的な決定法は、国の政治的な意思決定では使われています。マーケットメカニズムによる決定も、民主主義的な決定です。ビットコインは事業体の意思決定を民主主義的に行なおうとしており、画期的なことなのです。

これは、ビットコインが、現実の通貨のように単一の管理者を持たず、取引情報を分散管理するというブロックチェーンの技術を使った、「民主主義的」仮想通貨であるために起きている現象です。

Q ビットコインが分裂すると、タダで新しいコインをもらえると聞いたのですが、本当ですか？

ビットコインが分裂（分岐）し、かつ取引所やウォレット（電子財布）が新しい通貨を認めたとしますと、分裂前にビットコインを持っていた人は、同単位の新しい通貨を自動的に持つことになります。

このことによって、「何もせずに新しい通貨を得られるのでトクをした」と考える人が多いのですが、そうではありません。所有している通貨の数量が増えることは事実ですが、それは、所有資産価値が増えることを必ずしも意味しないからです。

他の事情が変わらないとしますと、原理的には、新しい通貨とビットコインの時価総額の合計は変わらないはずです。したがって、ビットコインの時価総額は、分裂した新しい通貨の時価総額分だけ減少するはずです。

もっとも、2017年の8月のビットコインキャッシュの分岐の際には、ビットコインの時価総額は下落せず、むしろ増加しました。これは、ビットコインの成長可能性に対する期待が、右の効果を打ち消したためと考えられます。

Q ビットコインの将来は？

ビットコインにSegwitが導入されたことにより、処理可能な取引量は約2倍に増えます。しかし、2倍に増やした程度では、容量はいずれ一杯になってしまうでしょう。

ビットコインのスケーリング問題を解決する切り札として、「マイクロペイメント・チャネル」や「ライトニングネットワーク」という仕組みが提案されています。この仕組みでは、取引チャネル設定と最終的確定だけをブロックチェーンに報告しますが、その間の取引はブロックチェーンに報告しないので、手数料なしで瞬時に行なうことができます。

これらの仕組みでは、取引相手を信用する必要がなく、また、信頼できる第三者の仲介を経ずに、安全で低手数料の送金ができます。

これにより、毎秒1回、100分の1円を何度も送るというような少額高頻度取引が可能になります。このため、現在のビットコインとは比較にならないほどユーザー数が増える可能性があります。Segwitの導入は、こうした方式を実現するために、どうしても必要なことだったのです。

第2章

ビットコインを実際に使うには

1．ビットコインにはどんなメリットがあるのか？

Q 現在の通貨でとくに不便は感じないのに、なぜビットコインを使うのですか？　使えばどんなメリットがあるのですか？

ビットコインによる送金を現行の銀行のシステムによる送金と比較すると、手数料、利用可能時間、即時性などの点で、銀行システムより優れています。

送金コストはゼロではありませんが、従来の方法より、取引のコストが下がります。とくに、海外への送金コストは大きく下がります。

また、コストゼロで送金するサービスも提供されています。

ビットコインを決済手段に用いる際の問題点として、価格変動の激しさが指摘されますが、これに対処するため、ビットコインを直ちに円などの現実通貨に転換するサービスも存在します。

日本では、２０１７年４月から改正資金決済法が施行され、仮想通貨が正式な決済手段として認められました。これによって、決済手段としての仮想通貨の利用が拡大すると期待されます。

ビックカメラは、17年4月に、ビットコインによる決済を導入しました。決済額は10万円相当までで、決済額の10％をポイントで還元します。販売員がビックカメラのビットコインアドレスを含む二次元バーコードを提示し、購入者はこれをビットコインウォレット（財布）アプリで撮影して、ビットコインを送信します。

リクルートライフスタイルも、26万店でビットコインを利用できるようにする計画を持っています。

Q ビットコインで送金する場合のコストには、どのようなものがありますか?

ビットコインを用いて送金する場合のコストとしては、(1)ビットコインそのものの送金手数料と、(2)現実通貨への両替に伴う損益があります。

これらは性格が異なるので、区別する必要があります。

後者については、ビットコインの価格変動が激しいので、時間がたつと、大きな損益が発生しえます。また、海外に送金する場合には、為替レートの問題も関連します。

ビットコインの送金手数料は、低いのですが、ゼロではありません。

ビットコインのシステムには中央管理者がいないにもかかわらず、なぜ手数料がかかるのでしょうか?

それは、ビットコイン取引の記録作成作業を行なっているマイナーに手数料を支払う必要があるからです。

マイナーの作業には、電気代などがかかります。それにもかかわらず作業を行なうのは、報酬があるからです。報酬としては、新しく発行されるビットコインと、取引手数料があります。

なお、利用者が自分で手数料を選ぶこともできます。手数料を高くすると、そのビットコイン取引の優先度が上がり、迅速に送信することができます。

取引所やウォレットは、後述するように利用者から手数料を徴収し、それをブロックチェーン運営者に支払います。

Q ビットコインの利用には手数料がかかりますか?

２０１７年7月1日以後は、仮想通貨の取引に関わる消費税は非課税となりました。現在、取引所でビットコインを購入する場合の手数料はゼロであることが多く、また、ビットコイン送金の手数料も低いので、送金相手がビットコインを受け入れるかぎり、低いコストで送金ができます。

しかも、３６５日、24時間いつでも送金が可能です。

また、ビットコインを経由してドルを持つこともできます。

日本の取引所の多くは、ビットコインを含む数種の仮想通貨と円の取引を行なっています。ビットコインで外貨を購入できる取引所もあります。

Q ビットコインの送金手数料は、どの程度ですか?

実際の手数料は、取引所によって若干の差があります。

ビットフライヤー(bitFlyer)の場合には、0・0004BTCです。2017年11月上旬のビットコインの価格は、1BTC=約85万円なので、約340円になります。

なお、ビットコインの販売・買い取り最小単位は、0・00000001BTC(=1satoshi:ビットコインの最小単位)です。

これを銀行の場合と比較してみましょう。

三菱東京UFJ銀行の振り込み手数料(ATMカード、個人の場合)は、図表2-1のようになっています。

図表2-1　銀行の送金手数料

振込金額	当行同一支店あて	当行他店あて	他行あて
3万円未満	無料	108円	270円
3万円以上	無料	108円	432円

注：三菱東京UFJ銀行、ATMカード、個人の場合

ビットコインの価格が2017年に急上昇してしまったため、円換算で見たビットコインの送金手数料は、この1年間でかなり上昇してしまいました。ビットコインがこれまで持っていた「手数料が安い送金手段」としての魅力が減殺されてしまったことは、否定できません。

ただし、送金額が3万円以上の場合には、まだ銀行より有利です。また、送金先が海外の場合には、ビットコインの優位性は揺らぎません。

さらに、第1章の最後に紹介したマイクロペイメントのサービスが拡充されれば、ビットコインの送金手数料が、ゼロあるいはそれ近くにまで下がることが期待されます。

銀行にとって大きな収益源である送金サービスは、潜在的にはもはや不要のサービスになってしまっているのです。とりわけ、海外送金についてはそうです。銀行からすれば、実に大きな問題です。銀行が独自の仮想通貨を導入

せざるを得ないのは、当然のことです。

日本では銀行システムが整備されているので、送金システムをもっと効率化すべきだという要求は比較的弱いのですが、世界を見渡せば未発達な地域も多く、これらの地域では、ビットコインの利用が広がるでしょう。

Q 円への転換には、どの程度のコストがかかりますか?

ビットコインを決済手段として用いる際の問題点は、その価格変動幅が大きいことです。この問題に対処するため、ビットコインを受け取ったら直ちに現実通貨に両替するサービスが提供されています。

ただし、これには、コストがかかります。ビットフライヤーの場合、ビットコインを円に換金後、登録口座へ出金する際の手数料は、次のとおりです。

・3万円まで216円、3万円以上432円(出金先が三井住友銀行の場合)
・3万円まで540円、3万円以上756円(出金先が三井住友銀行以外の場合)

なお、ビットコインの評価額は、送金するときのビットフライヤーの販売価格と買い取り価格の中間値なので、受け取ってすぐに換金すると、買い取り価格との差だけの損失が発生します。

コインチェック（Coincheck）は、EC（電子商取引）事業者向けにコインチェック・ペイメント（coincheck payment）というサービスを提供しています。ビットコインで商品が購入された場合、自動的に日本円に換算され、決済手数料1％を差し引いて店舗の口座に振り込まれます。

ビックカメラは、ビットフライヤーが電子商取引サイト向けに開発したビットコイン決済サービス「bitWire SHOP 2.1」を用いていますが、店舗が支払う決済手数料は、売上高の1％だといわれます。

Q 現在のところビットコインの利用が現実の通貨やクレジットカードほどに広がっていないのは、なぜですか？

通貨は、他の人が使えば使うほど便利になります。これは、「ネットワーク効果」と呼ばれるものです。

ビットコインの利用がなぜ現実の通貨やクレジットカードほどに広がらないかといえば、単に「他の人が使っていないから」です。逆にいうと、ネットワーク効果が働くようになれば、もっと利用は広がるはずです。

現在のところ、ビットコインを受け入れる店舗は、日本では多くありません。しかし、現在クレジットカードを使えない零細中小店舗が、これからビットコイン決済を受け入れる可能性は高いと思われます。受け入れ店舗数が、ある一定のスレッシュホールド（閾値）を超えれば、ビットコイン決済は急速に普及するでしょう。

Q ビットコインを持っていれば、値上がり益を得られるのですか？

日本の場合、仮想通貨の購入は、値上がり期待でのものがほとんどと考えられます。ビットコインは、送金の手段としては優れています。しかし、資産運用の手段としては様々な問題を持っています。

仮想通貨の価格変動は激しく、暴落の危険もあることに注意が必要です。したがって、巨額の資金をビットコインで保有するのは、危険を伴います。

ビットコインの本来の機能は、送金です。資産保有目的に用いるのはそもそも問題がありますが、そうする場合には、細心の注意をもって行なう必要があります。

また、ビットコインの技術はかなり荒削りなので、慣れない人が操作を誤ることによって資金を失う危険性があります。また、保有者のPC（パソコン）やスマートフォン、そして取引所がハッキング攻撃される危険もあります。こうしたことからいっても、巨額の資金を仮想通貨に投入するのは、極めて危険です。

仮にビットコインの価格が暴落した場合、日本人の関心が一挙に冷えてしまうかもしれません。そして、２０１４年頃にそうであったように、ビットコインを危険なもの、胡散臭いものとして遠ざけてしまうかもしれません。

そうなれば、ネットワーク効果が逆向きに働き、ビットコインを送金に用いる動きがストップしてしまうかもしれません。そうした事態が起こることが危惧されます。

Q 仮想通貨を利用して、フリーランサーとして働くことが可能ですか？

ビットコインなどの仮想通貨を用いれば、低いコストで送金ができます。さらに、マイクロペイメント（少額の送金）が可能になれば、ほとんどゼロのコストで送金できるようになり、これまではできなかったことが可能になります。これを用いれば、個人がフリーランサーとして収入を得ることが可能になると思われます。

その第1は、取引手数料がほぼゼロになることを利用した取引です。

我々は、手数料の世界に生きています。株でもＦＸでも、利益が出ると、そのかなりを仲介業者に召し上げられてしまいます。ところが、仮想通貨の利用によってこの条件が大きく変わります。

ビットコインは手数料が低いといいますが、これまでの仕組みでは、ゼロではありません。また、即時に決済できるものでもありません。しかし、こうしたことを補う関連サービスが登場してきました。

こうしたサービスを用いれば、ビットコインとドルの交換は、ゼロの手数料でほぼ瞬時にできます。これを利用すれば、これまでは不可能であった取引が可能となるでしょう。金融商品だけでなく、外国のウエブショップで購入したものを日本で売ることも可能になるでしょう。

仮想通貨の第2の可能性は、販売への利用です。

現在では、Amazon、楽天などに出品するしか方法がなく、かなりの出店料を取られます。しかし、仮想通貨を受け入れれば、自らのホームページで販売することが可能となります。

とりわけ、情報や知識を売る場合には、物流が存在しないので、零細ウエブショップが採算に乗ります。専門情報サービス、アドバイスなどは、十分ビジネスになる可能性があります。

こうして、フリーランサーとして収入を得ることが可能になります。

これは、組織でサラリーマンとして働く人には、あまりピンと来ないかもしれません。しかし、最近では、兼業を認める企業も増えています。組織に勤めながら、右に述べたような仕事を副業で行なうことが可能になるでしょう。

「働き方改革」といわれますが、組織で働くことを前提にするかぎり、現状を大きく変えることは不可能です。フリーランシングこそが、究極の働き方改革です。

Q ビットコインは、国際決済にも使えるのでしょうか？

送金コストの低下が大きな効果をもたらす典型的な分野は、国際送金です。

現在、国際送金の多くは銀行システムを介して行なわれていますが、個人による少額の場合の送金コストは、かなり高くなります。

このことは、国際的な出稼ぎ労働者の祖国への送金に関して、大きな問題とされてきました。アフリカから中近東への出稼ぎ、あるいはフィリピンから香港への出稼ぎといったケースです。

開発途上国と先進国との間の送金のコストが低下すれば、出稼ぎ労働だけでなく、先進国からのアウトソーシング（外注）に使うことも可能になります。例えば日本の企業が業務の一部をアジアの新興国にアウトソースし、その送金をビットコインによって行なうといったことです。

現在では、このような連携は潜在的には可能であっても、送金コストが高いために現実的なものになっていません。こうした送金システムの確立は、日本にとっても新興国にとっても、極めて重要な意味を持つでしょう。

多くの開発途上国において、銀行の支店網は十分に整備されていません。そのため、ビットコインのような新しい送金手段が、広範に利用される可能性があります。

こうした地域に関しては、ビットコインを用いて従来の手段より低いコストで送金を行なえるサービスが、すでに登場しています。

Q 国際決済のためのビットコイン関連サービスとしては、どのようなものがありますか？

例えば、「Hellobit」というサービスがあります。これはとくに、アメリカからフィリピンへの送金で使われることを想定しています。フィリピンでは英語が一般的に使われていますから、アメリカの企業がアウトソースするには便利なのです。

アメリカの企業がアウトソースする場合、いまは送金手段がないことが制約になっていました。ところが、Hellobitを用いれば、例えばフィリピンの田舎で銀行の支店がないところでも、アメリカからビットコインで送金し、フィリピンでの仲介者が受けることができます。そして、それを労働者にペソで送ります。最終的に賃金を受け取る労働者は、ビットコインのことを知らないかもしれません。

あるいは、「Bitwage」という仕組みがあります。これは、アメリカの企業がフィリピンにアウトソースをするときに、給料をビットコインで払い、労働者がそれを受けるときにはペソで受けることを、まとめてできる仕組みです。

この仕組みでは、アメリカの企業が給与を支払うときに、ビットコインで払うわけではなく、Bitwageの口座にドルで払います。そしてBitwageがビットコインで送ります。それをフィリピンで労働者に支払うときにペソに替えます。これら一連の手続きを自動的に行なうのです。

この類のもの、つまり「ドルからビットコインに、そしてビットコインから現地通貨に」という仕組みが、整備されつつあります。

2. ビットコインを購入し、管理するには

Q ビットコインを持ちたいのですが、どうしたらよいのですか?

普通、ビットコインは取引所で購入します。ウエブにある取引所のサイトを開き、本人確認のための情報を入力したあと、銀行から口座振り込みをして、ビットコインを購入します。その残高は、取引所に開設したアカウント(口座)に記録されます。

アカウントに入金されたビットコインの残高は、銀行口座の場合と同じように、他の人にビットコインを送金したり、あるいはビットコインを受け入れるために使うことができます。

ただし、この場合には、購入したビットコインは、取引所が管理していることになります。取引所から渡されるのは、アカウントを開くためのパスワードだけですから、ビット

コインを実際に保有しているのは、取引所です。ビットコインを購入した個人が、直接にそれを保有しているわけではありません。取引所にビットコインを置いたままにしておくと、その取引所に預けていることになります。仮にその取引所がハッキングにあったり、倒産したりすれば、資産は失われる危険があります。

２０１４年のマウントゴックスの事件では、この状態にあったビットコインが被害にあったのです。

Q　ビットコインをウォレットで管理するには、どのようにすればよいのですか？

ビットコインの送金や受取りを円滑に行なうには、個人用のウォレットを作る必要があります。「ウォレット」とは「財布」のことです。ビットコインを受け入れて、ここに保管しておき、支払いに用います。簡単な手続きでウォレットを作ることができます。

ビットコインのウォレットとしては、ウエブで多数のものが提供されています。どれも、あまり大きな差はないのではないかと思います。

Q「ビットコインアドレス」と「ウォレットID」はどう違うのですか？

ビットコインの取引に使うものとして「ビットコインアドレス」と「ウォレットＩＤ」というものがあり、似た外観をしています。しかし、次に述べるように、これらは全く違うものなので、取り扱いに注意が必要です。

（1）ビットコインアドレス

「ビットコインアドレス」とは、銀行口座の口座番号のようなもので、1dR…などの英文字と数字で構成されています。

ビットコインを振り込んでもらうときには、相手にこのアドレスを伝えます。ビットコインアドレスは、公開してよいアドレスです。

なお、ＱＲコードにはビットコインアドレスの情報が入っており、同じ機能を持っています。

（2）ウォレットＩＤ（ビットコイン財布識別子、またはログインのＩＤ）

これは、パスワードとともに、ログイン時に使用するＩＤです。

厳重に管理して、他の人が使用できないようにする必要があります。これが知られると、ウォレットにあるビットコインが盗まれる危険があります。必ず別にメモを取っておく必要があります。

これが非常に重要なもので、しかも公開してはならないものであるという注意が、十分でないように思われます。

以上で述べたものは、「公開鍵」や「秘密鍵」といわれるものから生成されます。ただし、「公開鍵」や「秘密鍵」の仕組みを理解していなくても、取引を行なうことは可能でしょう。

Q　ＱＲコードをホームページなどに公開して、ビットコインの払い込みを受けることができますか？

ビットコインアドレスを示すＱＲコードをホームページやブログに公開すれば、ビットコインの払い込みを受けることができます。ただし、セキュリティに注意する必要があります。

ビットコインの取引は全てブロックチェーンに記録されます。そして、全世界に公開されます。そこで、プライバシーを守るために、ウォレットでは、毎回受取アドレスを変えることが推奨されています。

ところが、ホームページやブログに公開する場合、アドレスを固定したいことがあります。しかし、固定的なアドレスを公開してしまうと、履歴を検索されてしまいます。

これに対する1つの方法は、業務で受取りに用いるアドレスは1回限りのものとし、ホームページやブログで公開する固定アドレスと完全に分けてしまうことです。ウォレットでは、アドレスを複数作ることができ、かつ固定したものを作ることもできます。

Q　仮想通貨のことをなぜ「暗号通貨」というのですか？　暗号理論について何も知らないのですが、使えるでしょうか？

仮想通貨における送金情報の通信は、「公開鍵暗号」と呼ばれる方式の暗号で保護されています。

本来の仕組みは、次のようなものです。仮想通貨の保有者は秘密鍵（数字と記号の組み合わせ）を持ち、それを用いて暗号化したデータを送ります。つまり、仮想通貨の送金の際には、秘密鍵の情報を要求されます。したがって、保有者は秘密鍵を管理する必要があります。

秘密鍵は他人に知らせてはならないものであるにもかかわらず、誤って誰かに伝えてしまう場合もあります。その場合は、保有している仮想通貨を盗まれてしまう危険があります。また、秘密鍵を紛失してしまうこともあり、そうなると、送金や出金ができなくなります。この事故に対する救済方法は存在しません。自分のＰＣに秘密鍵を保存しておいても、ハッキングされる危険があります。

以上のように、秘密鍵の扱いは難しいので、通常は、その管理を代行してくれるウォレットのサービスを利用します。そうすれば、暗号理論を知らなくとも、ビットコインなどの仮想通貨を使うことができます。ただし、ウォレットIDなどの扱いは、慎重に行なう必要があります。

Q ビットコインの匿名性はどうなっていますか?

ブロックチェーンの取引情報は、リアルタイムで全世界に公開されています。ただし、取引者は、個人の名前で分かるのではなく、暗号でしか分からないのです。ある暗号名のアドレスを持っている人が誰かは、分かりません。

ですから、ビットコインで取引が行なわれるようになると、課税がしにくくなるといわれています。ただし、これはビットコインで初めてそうなったわけではありません。日本銀行券でも同じことです。一般に、現金商売の売り上げは捕捉しにくいといわれています。それと同じ問題といえなくはありません。

ビットコインの匿名性は、「擬匿名性」であるといわれます。追跡しようと思えば、分かる場合もあるのです。例えば、ＦＢＩは違法市場の取引がビットコインで行なわれていることについて、おとり捜査をして暴きました。

しかし、取引を捕捉するのがこれまでより難しくなる可能性はあります。そういう意味でいえば、仮想通貨は国家に対する重大な脅威です。

Q インターネットについてよく知らないのですが、そうであっても、使えるでしょうか？

ビットコインなどの仮想通貨を使うために、インターネットについて詳しく知っている必要はありません。

ただし、取引はインターネットを通じて行なうので、インターネットを使えることが必要です。

インターネットに慣れていない人にとって、ビットコインは簡単に扱えるものではありません。だから、手続きを代行してくれる個人などに依頼するのは、ありうることです。

しかし、登録していない取引業者から購入するのは危険です。詐欺に巻き込まれる可能性がありますし、高い手数料を要求される場合もあるでしょう。

インターネットを使うために、さほど高度の知識が必要とされるわけではありません。誰にでも使えるようになっているのですから、最低限の使い方を習得すべきです。

Q 仮想通貨を用いて経済活動を行ない、利益を得た場合には、税金がかかるのですか?

基本的には税金がかかります。

国税庁、タックスアンサーNo.1524「ビットコインを使用することにより利益が生じた場合の課税関係」(2017年4月1日)は、次のように方針を示しています。

「ビットコインは、物品の購入等に使用できるものですが、このビットコインを使用することで生じた利益は、所得税の課税対象となります。このビットコインを使用することにより生じる損益（邦貨又は外貨との相対的な関係により認識される損益）は、事業所得等の各種所得の基因となる行為に付随して生じる場合を除き、原則として、雑所得に区分されます」

例えば、飲食店を営んでいる個人事業主がビットコインを決済に用いているような場合には、事業所得として扱うことになります。

また、ビットコインで他の仮想通貨を購入し、値上がり益を得てビットコインに戻し、それをビットコインのままで保有していても、ビットコインの円貨評価額が入手時の時価を上回っている場合には、その差額が雑所得になると考えられます。

仮想通貨を決済手段として用いて商品の販売を行なった場合、当然消費税が課されるはずです。そうでないと、日本円取引との間で不均衡になります。

なお、タックスアンサーで「ビットコイン」と限定しているのは問題です。これは、より一般的に「仮想通貨」とすべきでしょう。

Q 遺産を仮想通貨で受けた場合には、相続税がかかるのですか?

相続税法では、被相続人に帰属していた財産のうち、金銭に見積もることができる経済的価値のあるもの全てを課税対象としています。したがって、仮想通貨も当然含まれると考えられます。

しかし、問題があります。第1は評価をどうするかです。株式については、評価通達によって評価方法が示されています。しかし、仮想通貨にはこのような通達が出されていないため、相続税課税額の算定が必ずしも容易ではありません。

第2に、ウォレットのパスワードや秘密鍵が相続人に伝えられていなければ、相続人は仮想通貨を実質的に失ったのと同じことになります。これを「経済的に価値のあるもの」といえるかどうかは、論議の余地がある問題でしょう。

第3章

銀行が仮想通貨を発行する

1．メガバンクが仮想通貨を発行する

Q メガバンクが仮想通貨を発行すると聞きますが、本当ですか？

仮想通貨の仕組みは、ビットコインという形で、うまく機能することが分かりました。

そこで、様々な仮想通貨の開発が行なわれています（図表3－1参照）。

まず、メガバンクが独自の仮想通貨を発行する計画を持っています。

日本では、三菱東京ＵＦＪ銀行が、ブロックチェーンを使って仮想通貨「ＭＵＦＧコイン」を発行しようとしています（当初は２０１７年中に発行と報道されていたのですが、延期されています）。

報道によると、17年5月に役員ら２００人で始め、年内で全行員約2万７０００人が行員同士の送金や行内のコンビニでの支払いなどに使えるようにする、そして18年春に一般

図表3－1　3種類の仮想通貨

1	ビットコイン	国家の独占を破る 管理者のいない通貨
2	メガバンクの仮想通貨	通貨自由化論の世界
3	中央銀行の仮想通貨	銀行の消滅？ ビッグ・ブラザーの世界？

向けに発行する予定だといわれています。

三菱東京ＵＦＪの仮想通貨は、銀行が発行して一般に使用できる仮想通貨として、世界で最初のケースとなる可能性があります。それが広く使われるようになれば、日本の通貨と金融の世界は大きく変わるでしょう。

他にもいろいろな銀行が検討しています。三井住友銀行も仮想通貨発行の計画を持っているといわれます。みずほ銀行は、「Ｊコイン」という仮想通貨を発行すると報道されています。

もし多くの人が仮想通貨を使うようになれば、通貨・金融にとどまらず、経済活動全体に大きな影響を与えることになるでしょう。

また、銀行業務の基幹システムである勘定系に適用できるかどうかの実証実験も行なわれています。マイナス金利などによって銀行の収益が圧迫されているので、新技術の導入でコストを引き下げるのは、銀行にとって緊急の課題です。

Q ビットコインと全く同じものを、銀行が発行するということでしょうか？

全く同じではありません。違いは2点あります。

それは、固定価格制をとることと、銀行という管理者が存在することです。

管理者が存在し、しかも価格が固定されているという点で、銀行が発行する仮想通貨は、電子マネーに似ているところがあります。

管理者の問題については後で述べることとし、まず、固定価格制を見ましょう。

これまで仮想通貨を送金手段として用いる場合に、次の3つの問題がありました。

第1は、価格変動が激しいこと。第2は、現実通貨との交換の際に損失が発生しうること。第3は、決済の確認に10分程度の時間が必要であることです。メガバンクの仮想通貨は、これらの問題を解決すると考えられます。

とくに重要なのは、円との交換比率を一定にしたことです。これは送金手段としての役割を強調するものです。

仮想通貨は、送金の手段であって、投機や投資の手段ではありません。しかし実際には、ビットコインは投機・投資目的で購入される場合が多いのです。これは仮想通貨の本来の使い方ではありません。メガバンクの仮想通貨が、送金手段としての側面を重視していることが評価されます。

Q メガバンクは、何のために仮想通貨を発行するのですか？

第1の理由は、ビットコインなどの仮想通貨に排除されないためです。

日本政府はこれまで仮想通貨を通貨として認めていませんでしたが、2016年3月の閣議でこの方針を転換し、仮想通貨を通貨として認めることとしました。

これによって、仮想通貨の決済手段としての地位が認められ、今後利用が増加していくことが予想されます。

個人や事業者が仮想通貨を決済に広く用いるようになれば、銀行の決済システムとは別の送金システムが広がる可能性があります。銀行が独自の仮想通貨を作る動きが展開しているのは、これに対抗するためです。

さらに、仮想通貨は、銀行が送金コストを引き下げるための強力な手段にもなります。マイナス金利導入などによる収益圧迫に対処する手段としては、極めて強力なものになるでしょう。

Q 銀行の仮想通貨は、広く使われることになるでしょうか?

ビットコイン型の仮想通貨では価格が変動するので、値上がり益を期待して保有することがかなりあります。つまり、取引以外にもビットコインを保有する動機があるわけです。

ところが、メガバンクの仮想通貨の場合には価格が固定されているので、保有しているだけでは意味がなく、送金に使って初めて意味があります。

仮想通貨が成功するかどうかを左右するいくつかのポイントがあります。

第1は、どれだけ広い範囲の送金に使えるかです。

友達同士で割り勘の精算のようなことをしているだけでは、意味がありません。様々な相手への支払い手段として使えて、初めて利用価値が高まります。

成功のための第2のポイントは、取引コストがどうなるかです。これには、いくつかの側面があります。

一つは、現実通貨からの入金コストです。現在でも、ビットコインの取引所が指定した銀行からの入金であれば、ビットコインを購入する手数料はゼロです。

ＭＵＦＧコインの場合も、三菱東京ＵＦＪ銀行の預金を用いて購入するのであれば、手数料は多分ゼロに設定されるでしょう。

なお、ビットコインの場合には価格変動が激しいので、ビットコインで受け取った後、直ちに現実通貨に転換することが要請される場合があります。しかし、ＭＵＦＧコインの場合は、価格変動がないので、コインのまま保有していても、損失を被る危険はありません。現実通貨に転換する必要がないというのは、送金手段として使う場合には、大きな強みです。

もう一つのコストは、送金する際のコストです。現在でも、同一取引所の異なるアカウント間のビットコイン送金であれば、手数料ゼロのサービスが提供されています。ＭＵＦ

Gコインの場合も、MUFGのウォレット（仮想通貨用の口座）間の送金であれば、多分、手数料はゼロに設定されるでしょう。

ただし、大量の送金要求による攻撃からシステムを防御するために、ごくわずかの手数料を課す可能性もあります。

成功のための第3のポイントは、他行も仮想通貨を発行することです。当然のことながら、MUFGコインのウォレット間の送金（つまり、三菱東京UFJ銀行の預金口座保有者間の送金）だけでは、利用価値は限定されたものとなります。他行も仮想通貨を発行し、そして他行コインに交換できるようにする必要があります。

Q 他行発行仮想通貨との関係で、問題は何ですか？固定価格制では、どんな問題が発生しますか？

現在考えられているように固定価格制を取ると、日本銀行金融ネットワークシステム（日銀ネット）を用いて、現在の銀行間決済と同じ仕組みで、銀行間で資金を移動させることが必要になると考えられます。

そう考えられる理由を以下に説明しますが、その前に、現在の銀行間の口座振替を見ましょう。

A銀行とB銀行があるものとし、A銀行からB銀行への振り込みが、その逆の取引よりも多かったとします。その場合、A銀行の預金残高は減り、B銀行の預金残高が増えます。

これは、A銀行が日銀に持つ当座預金の残高が減り、B銀行の当座預金の残高が増えることによって実現されます。この取引は、日銀が運営する日銀ネットによって行なわれます。

メガバンクが発行しようとしている仮想通貨では、例えばMUFGコインは、1MUFGコイン＝1円というように価格を固定するといわれています。しかし、この運営は、さほど簡単ではありません。

例えば、A銀行とB銀行のコインの間で競争が起きて、異なる価値がつく可能性があります。これが価格で調整されないとなると、国際収支の経常収支で黒字・赤字が出るようなものなので、運営側は、その帳尻合わせを行なわなければならなくなります。

A銀行とB銀行の間で決済を行なうには、既存の中央銀行の決済システムである「日銀ネット」を使わざるを得ないでしょう。ということは、現在の仕組みと、あまり変わらないものとなります。

その意味では、革命的な発明である「仮想通貨」というよりは、これまでの「電子マネー」に近いものです。

Q 変動価格制にすれば、問題を回避できるのですか？

右に述べたように、固定価格制では、B銀行の仮想通貨に対する需要がA銀行の仮想通貨への需要より多いということが生じます。その場合、銀行間の資金移動が必要となり、日銀ネットに依存せざるを得なくなります。

しかし、変動価格制であれば、価格が調整して、B銀行仮想通貨に対する需要とA銀行仮想通貨に対する需要は、原理的には均衡します。したがって、資金を銀行間で移動させる必要はありません。

この問題は、外国為替取引の場合と同じです。固定為替レート制で日本とアメリカを考えた場合、経常収支で日本がアメリカに対して黒字を記録すれば、資本収支においてアメリカから日本に資金を移動させることが必要になります。しかし、この問題は、変動相場制にすれば、原理的には、回避することができます。日本の黒字が大きくなれば、原理的には、円高になって貿易黒字が縮小するからです。

異なる銀行の仮想通貨も、取引所に上場し、外国為替の変動相場制と同じように、変動価格で交換できるようにすることが考えられます。

つまり、現在のビットコインとその他の仮想通貨の交換と同じようにするのです。そうすれば、日銀ネットのような銀行間送金システムに依存する必要がなくなり、完全に仮想通貨の世界の中で取引が行なわれます。そして手数料は、引き下げられます。

なお、メガバンクの仮想通貨の場合には、価格を変動させたとしても、相対価格はそれほど大きく変動することはないでしょう。

ただし、円との間の相対価格はかなり変わる可能性があります。これはメガバンク仮想通貨の供給スケジュールがどのようになるかに関連しているので、供給スケジュールを調整することによって、価格変動を抑えることができるかもしれません。

2. 中央銀行が仮想通貨を発行する可能性も

Q 仮想通貨の広がりに、中央銀行はどう対応するのでしょうか?

中央銀行が仮想通貨を発行するというシナリオもあります。

すでに、各国の中央銀行は、ブロックチェーンを使った独自の仮想通貨を発行しようと、研究を行なっています。

スウェーデンでは、仮想通貨「eクローナ」の発行に関する可否を、2018年末までに決定すると報道されています。実現すれば、銀行口座を持っていない人でも、電子決済することが可能になります。

エストニアは、仮想通貨「エストコイン」を発行する計画を、2017年8月に明らかにしました。

イングランド銀行や中国人民銀行も、非常に熱心に仮想通貨を研究しています。オランダ、カナダの中央銀行も、仮想通貨に関する研究をかねてから行なっています。

Q なぜ中央銀行が仮想通貨を発行するのでしょうか?

ビットコインのような仮想通貨の利用が拡大すれば、中央銀行が発行する通貨や決済システムの必要性が低下しますし、金融政策の有効性が低下します。こうした事態を避けたいのだと思われます。

また、メガバンクが仮想通貨を発行し、他の銀行が発行する仮想通貨との交換が変動価格で行なわれるようになった場合にも、日銀ネットとは独立した決済システムが作られることになります。つまり、銀行間の取引が中央銀行の仕組みの外に出ることになります。

仮にこのシステムが広く普及することになれば、日銀の金融政策は有効に働かないことになってしまいます。

また、ドルとの価値を一定に保つような仮想通貨が日本国内で発行されることも考えられます。

そうなれば、日本国内にドル経済圏が生じたのと同じことになり、日本の金融政策には大きな圧力が加わります。日銀が金融緩和を行なって円の価値を低下させようとすれば、円から資金が流出し、ドル仮想通貨に流れ込むことになるでしょう。このようにして、恣意的な金融政策に対する強いチェックが働くわけです。

Q 中央銀行が発行する仮想通貨の利用が広がると、どんな変化が生じますか?

中央銀行が仮想通貨を発行することとなれば、それだけが残るかもしれません。つまり、ビットコインもメガバンクの仮想通貨も使われず、世の中のマネーが、中央銀行の仮想通貨だけになってしまう可能性があります。

こうなるのは、ネットワーク効果の点で一番強いのは中央銀行だからです。中央銀行が仮想通貨を発行した場合には、法定通貨になると考えられますので、極めて強い流通力を持ちます。

誰もが中央銀行のウォレット（口座）を持つことになれば、例えば会社からの給与は、中央銀行の仮想通貨の形で、そこに直接振り込まれます。

現在は、銀行に口座を持っていないと給料の振り込み先がありませんから、人々は銀行に預金口座を持っています。つまり、預金口座を持つのは、送金したり受け入れたりすることが大きな目的です。しかし、それが中央銀行の仮想通貨で行なえるなら、別に銀行の預金通貨を持つ必要はありません。

こうして、あらゆる経済的な取引が中央銀行の仮想通貨で行なわれることになります。

消費者にとって大きなメリットは、送金手数料が圧倒的に安いことです。いま他行の預金口座に送金するための手数料はかなり高いですが、中央銀行は、国内では1つのネットワークですから、手数料はゼロに近くなるでしょう。

これによって、社会の基本構造は、大きく変わると考えられます。

Q 中央銀行が仮想通貨を発行すると、銀行業務にどのような影響がありますか？

中央銀行が仮想通貨を発行すると、全ての国民と企業が中央銀行に口座を持ち、中央銀行が発行する仮想通貨を使います。

個人や企業が銀行預金を中央銀行の仮想通貨に容易に転換できるようになれば、民間銀行の預金から資金が流出し、銀行取り付けのリスクが高まるでしょう。

究極的には、銀行預金が消滅する可能性があります。預金がなくなると信用創造ができなくなり、銀行は、存立に関わる甚大な影響を受けます。

また、銀行が貸付を通じて企業経営をモニターすることもできなくなります。

こうした事態に対しては、銀行からの反対は必至です。

この問題は、中央銀行が仮想通貨を発行する際の大きな問題だと考えられています。

Q 銀行預金の消滅などとは、誰も望まない馬鹿げたことではないでしょうか？

そうでもありません。似た仕組みを、昔から経済学者が提案していました。

これは「シカゴ・プラン」と呼ばれるものです。１９３０年代に、アービング・フィッシャー、フランク・ナイト、ヘンリー・シュルツ、ヘンリー・サイモンズ、ミルトン・フリードマンなどの経済学者が提唱しました。

これは、準備率を１００％に引き上げるという提案です。１００％準備にするとどうなるかというと、銀行は預金を全て中央銀行の当座預金に預けなくてはなりません。つまり貸出ができなくなります。

なぜこういう提案がされたかというと、彼らの考えによれば、銀行は信用創造をしており、信用創造が膨らむことによって経済が不安定になる。そこで、経済を安定化させるため、銀行が信用創造できないようにしようということです。そうなると、銀行はごく限定的な仕事しかできなくなります。

この提案に対しては銀行側から強い反対があり、実現はしていません。しかし、似た考えは、現在にいたるまで、提唱され続けています。

「ナローバンク」という考え方があるのですが、これは銀行に信用創造を認めないという考え方です。

また、銀行が持つ資産は、貸出ではなく、国債などの安全資産だけにすべきだという考えもあります。国際決済銀行（ＢＩＳ）が、銀行のリスク資産の保有を減少させるような規制を行なっていますが、これも同じ発想です。

アイスランドでも同様の提案がなされたことがあります。アイスランドは、リーマンショックの際に、金融危機によって国が破綻しかけました。その反省に基づき、銀行の信用創造によるバブルを防ごうとする考えです。これを「統治通貨」といいます。

シカゴ・プランの１００％準備制、ナローバンク、統治通貨は、似た考え方なのですが、銀行の信用創造を認めないという点で、中央銀行が発行する仮想通貨と同じ発想に立っています。

中央銀行が仮想通貨を発行するようになれば、完全な形でこれと同じものが実現されることになります。

Q 中央銀行が仮想通貨を発行する世界で、貨幣供給量をどうコントロールするのですか？

現在の経済で、貨幣（マネー）の大部分は銀行預金です。これについては誤解が多く、貨幣は日銀券だけと思っている人が大勢います。確かに日銀券も貨幣の一種ですが、これは、残高で見て、貨幣全体の1割程度でしかありません。

したがって経済全体の貨幣量は、預金通貨がどのようになるかで大きく左右されるのです。日銀は日銀券の発行は直接にコントロールできますが、預金通貨の量を直接にコントロールすることはできません。金利などを通じて、間接的にコントロールするしか方法はありません。

ところが、中央銀行が仮想通貨を発行すると、それが貨幣の大部分になる可能性があります。したがって、中央銀行が直接に経済全体の貨幣量をコントロールできることになります。

この場合、中央銀行のバランスシートには、負債に中央銀行仮想通貨があり、資産に政府への信用（国債、あるいは貸付）があります。したがって、経済全体の貨幣量は、中央銀行が政府に与える信用によって決まります。

問題は、それをどのようにコントロールするかです。コントロールできないと、貨幣量が増加し過ぎて、インフレになる危険があります。

経済学者のミルトン・フリードマンは、前述したシカゴルールに関連して、「k％ルール」というものを提案しました。これは、貨幣供給の増加率をk％という一定の率に固定し、これを恣意的に動かすことはしないというものです。

確かに、こうすれば貨幣量の増加率は一定になります。しかし、現実にk％への固定を実現できるかどうかは、大変疑問です。

とくに日本では、政府が一度決めた法律をたびたび改正しています。その典型が消費税です。消費税の税率引き上げは法律で決められたことですが、それを2回も延期しています。こうしたことを考えれば、k％の維持は、期待できないでしょう。

なお、中央銀行が直接に政府に信用を与え、それによって貨幣量をコントロールするという考えとして、「ヘリコプターマネー」があります。これは、ベン・バーナンキ前連邦準備制度理事会（ＦＲＢ）議長が提案したこともあって、話題になりました。これは、中央銀行が政府に信用を供与し、政府はそれで得たお金を直接に人々の預金口座に入れるというアイデアです。

以上で述べた問題、つまり、「経済全体の貨幣量をどう決めたらよいのか？」という問題は、「通貨主義対銀行主義」という形で、昔から論争がありました。「通貨主義」とは、「経済の情勢は通貨量によって影響されるから、銀行券の発行は金の流出入などに応じて規制しなければならない」とする考えです。これに対して、銀行主義は、民間銀行の預金が貨幣の大部分である状態を認め、「銀行の信用創造過程を通じて、おのずから適切な貨幣量が決められる」というものです。統治通貨は、通貨主義の考えに従ったシステムを構築しようとするものです。

3. 将来の通貨体制はどうなるのか？

Q 今後、どのような仮想通貨が主流になるのでしょうか？

仮想通貨の今後については、3つのシナリオがあります（図表3－1参照）。

第1は、ビットコインのような仮想通貨が主流になるシナリオ。

第2は、メガバンクなどの銀行が発行する仮想通貨が主流になるシナリオ。

第3は、中央銀行が発行する仮想通貨が主流になるシナリオ。

私は『仮想通貨革命　ビットコインは始まりにすぎない』（ダイヤモンド社）を2014年に刊行したのですが、その時にはビットコイン型の仮想通貨しかありませんでした。残りの2つに関する計画は、それから後に出てきたものです。そして3つの仮想通貨は、これまで見てきたように、性格が非常に異なります。

Q メガバンクの仮想通貨が主流になる場合には、どうなるでしょうか？

仮想通貨間で競争が行なわれることが期待されます。

経済学者のフリードリッヒ・フォン・ハイエクは、『貨幣の非国有化』の中で、中央銀行が通貨発行を独占するのではなく、民間の金融機関が発行し、それらの間で競争が起きるのが望ましいとしました。

メガバンクの仮想通貨間で競争が起きれば、ハイエクの自由通貨に近いものになります。そうなれば、同一のものやサービスに対して複数の価格がつくことがあり得ます。

話を分かりやすくするために、これまでの日本の通貨をＪ円、三菱東京ＵＦＪ銀行の仮想通貨をＭ円と呼ぶことにしましょう。

例えば、「タクシーの料金が、Ｊ円での支払いなら７００円だが、Ｍ円での支払いなら６００円で済む」ということが生じ得ます。こうなるのは、タクシー会社にとっての決済コストが、Ｍ円ならＪ円より安くなるからです。タクシー会社は、コスト減少の一部分を、価格を引き下げることによって利用者に還元するのです。そうした事態が生じれば、M円は急速に広がり、J円は駆逐されます。

このような二重価格は、空想上のものと思われるかもしれません。しかし、部分的には現実にもすでに行なわれています。例えば、コンビニエンスストアや百貨店のカードで買い物すれば、割引されたりポイントが付いたりしますが、これは、右に述べたのと同じことです。

他の銀行も同じような通貨を発行することになれば、様々な銀行の仮想通貨間で競争が起きるでしょう。そこでの競争とは、使いやすさや付帯サービス、受け入れる商店の数などをめぐってのものです。「ある銀行の仮想通貨なら割引率が高いが、他の銀行の場合は低い」といったことが生じるでしょう。

Q 中央銀行が発行する仮想通貨が国の通貨となった場合、個人のプライバシーは保たれるのですか?

匿名性がどうなるかは、中央銀行が仮想通貨の発行に際して、どの程度厳格に個人情報を求めるか（アドレスを所有しているのが実際には誰かを、厳格に確認するかどうか）によって決まります。求めなければ、匿名性が実現します。

中央銀行が匿名性のある支払い手段を提供するというのは、奇妙なことのように思われます。しかし、「現在の中央銀行紙幣はまさにそうしたものなので、それと同じだ」との意見はありうるでしょう。

また、匿名性がないと、巨額の資金を送金されていることなどが一般に知られてしまい、問題だという意見があるでしょう。

しかし、それでよいかどうかは、大いに議論がありうるところです。匿名性があると、犯罪、マネーロンダリング、脱税などに利用される危険があるからです。実際、インドでは高額紙幣が廃止されましたが、それは、このような理由によります。

また日本では、取引所でビットコインなどの仮想通貨を購入する場合に、本人確認義務が課されています。「もし中央銀行が発行する仮想通貨で本人確認をしないのなら、これとの均衡を失する」という意見もあるでしょう。

Q 匿名性が問題を引き起こすのであれば、本人確認を厳密に行なうべきではありませんか？

アドレスを所有しているのが誰かを中央銀行が知れば、仮想通貨を用いて行なわれるあらゆる取引の詳細を知ることができるようになります。中央銀行仮想通貨が導入されれば、ほとんどの取引がそれを使って行なわれることとなる可能性が強いので、中央銀行がほとんどの取引の詳細を把握することになります。

つまり、人々のプライバシーなど、雲散霧消してしまうわけです。金融取引にあたってマイナンバーを提出するどころの話ではありません。

所得が完全に捕捉されるだけでなく、国民全員のあらゆる経済活動を国家が把握することができます。

ジョージ・オーウェルが『1984』で描いたような究極の管理社会、ビッグ・ブラザーの世界の到来です。

これは、Google や Apple といった民間企業が、ビッグデータと呼ばれる個人の膨大なプライバシー情報を手にするのとは、全く意味が異なります。個人のプライバシー管理について、根源的で深刻な問題を投げかけているといえるでしょう。

各国の中央銀行が仮想通貨の発行を検討しているいま、こうした未来はSF的な想像ではなく、本当にそうなるかもしれない、という段階まで来ています。

我々は、そうした社会を受け入れることができるでしょうか？　中央銀行が仮想通貨を導入するか否か、それがどのような仕様のものになるかによって、社会のあり方は大きく異なるものとなるのです。

Q 仮想通貨によって、我々の未来はいまよりも自由なものになっていくのでしょうか？

これまで述べた3つのどれが主流になるかで、経済の姿は大きく違うものとなります。

ビットコインのような仮想通貨は、管理者がいない分散型の社会を可能にします。この意味で、自由主義的な考えにマッチしています。

ただし、ビットコイン型の仮想通貨が普及すると、従来の金融システムや国家システムの外で通貨が流通することになります。したがって、金融政策が効かない、税の徴収に支障が生じる、などの問題も発生します。広範に普及すれば、国家の構造に影響を与える可能性もあります。

銀行が発行する仮想通貨については、やり方次第でかなり違う形になります。現在の預金が仮想通貨に変わるだけの可能性もありますし、現在の日銀ネットから独立した独自の通貨圏が形成される可能性もあります。

中央銀行が発行する仮想通貨が現実のものになると、「ビッグ・ブラザー」の社会になり、全国民が非常に細かく行動を監視される社会になる危険があります。つまり、自由主義的な世界と全く逆の世界が登場します。

我々はいま、どちらの方向に進むのか、大きな分岐点に立たされています。どちらになるかはまだ分かりませんが、この選択が重要であることを、意識する必要があります。

第4章

ブロックチェーンとは何か？

1. ブロックチェーンの仕組み

Q 仮想通貨とブロックチェーンは、どう関連しているのですか？

ブロックチェーンは、ビットコインの中核的基礎技術であり、電子的な情報を記録する新しい仕組みです。

取引記録を、ネットワークの参加者全員で、公開された台帳に記入し、管理します。10分間に世界中で起きたビットコインの取引データを「ブロック」という1つのまとまりに書き込みます。AさんからBさんに送金、CさんからDさんに送金、EさんからFさんに……という取引を全部書き込むわけです。

主な特徴は、管理者が存在せず、自主的に集まったコンピュータが運営しているにもかかわらず、事業が信頼できること、そして記録が改ざんできないことです。つまり、不正が困難な分散管理型の取引台帳です。

ブロックチェーンは、これまでのものとは全く次元が異なる技術で、経済や社会に大きな変化をもたらします。

これまで、送金などの経済的取引は、銀行など、信頼を確立した機関が管理することで行なわれてきました。ブロックチェーンは、そうした管理主体の代わりに、コンピュータネットワークが取引の正しさをチェックします。しかも、記録を書き換えることが、事実上できないようになっています。このため管理者が不必要になり、低いコストで運用できるのです。

Q ブロックチェーンは、フィンテックに含まれるのですか?

第1章の3で述べたように、「フィンテック」とは、金融サービスに情報技術を応用しようというものです。図表1－4に示したのは、ブロックチェーンを用いないフィンテックでした。

ブロックチェーンもフィンテックの一部と考えられています。しかし、ブロックチェーンとその他のフィンテック技術の間には、大きな差があります。

ブロックチェーン以外のフィンテック技術は、（ＡＩの活用を除けば）ブロックチェーンのように革新的なものではありません。こうしたものが日常生活を便利にすることは事実です。しかし、社会を根底から変えるものではありません。本当に重要な変革をもたらすのは、ブロックチェーンです。

また、ブロックチェーンは、金融に限らず、様々な分野で活用されようとしています。

Q ブロックチェーンは、これまでの電子データ記録システムとどこが違うのですか？

ブロックチェーンは、従来のクライアント・サーバー方式による中央集権型ではなく、ピアツーピア（Ｐ２Ｐ）による分散型の仕組みです。「通貨をどこからどこに送ったか」という取引履歴が記録された台帳を、ネットワークに参加しているコンピュータ全体で管

図表4－1　電子マネー国と仮想通貨国（たとえ話）

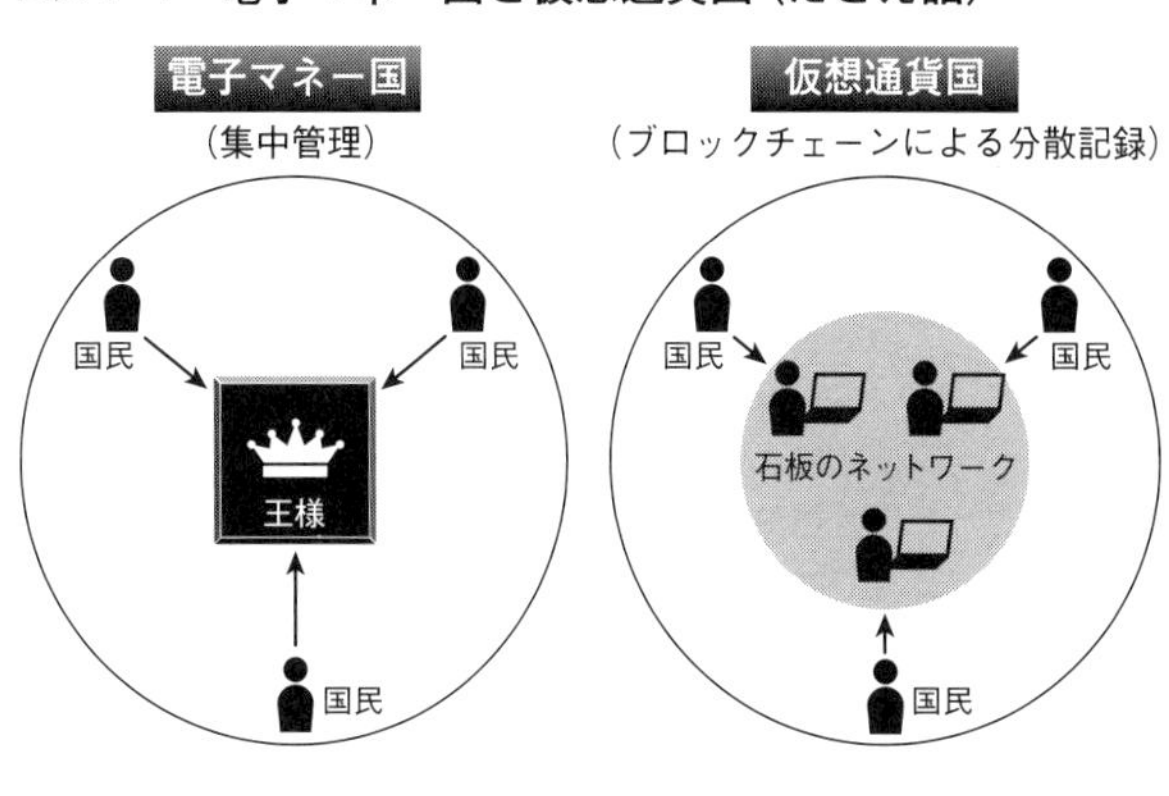

理します。

その特徴は、「改ざんや二重取引などの不正が事実上不可能」という点です。

たとえ話で説明すれば、次のとおりです。

2つの国があると思ってください（図表4－1）。1つは電子マネー国です。ここでは、王様が取引の全てを管理しています。国民が他の国民に電子マネーを送りたいときは、王様に通知します。王様は大きな台帳を持っていて、それを記録します。

ここで重要なのは、王様が中央集権的に全部の取引を管理していることです。これが電子マネーの仕組みです。電子マネーに限らず、現在の社会で行なわれているいろいろな事業は、中央集権的な管理者が全ての情報を管理しています。

もう1つの国は、仮想通貨の国です。ここでは、取引の情報が、全く違う方法で管理されています。

この国にはいくつかの町があって、それぞれの町の中央広場に大きな石の板があると思ってください。その板に取引情報を刻み込みます。ある国民がビットコインを他の国民に送るときは、石の板に記録している人のグループにインターネットで通報します。

石の板に記録する人たちは、その情報を受け、正当な取引だと確認したら、石の板に書き込みます。どの町の石の板にも、同じ内容が書き込まれます。つまり、誰か1人が集中的に情報を管理しているのではなく、大勢の人が分散的に情報を記録しているのです。

また、石は広場に建っていますから、誰でも見ることができます。したがって、AさんがBさんにビットコインを送ることが承認されて書き込まれれば、Bさんが正当な保有者であることの証拠になります。仮想通貨の取引は、ブロックチェーンに記録されたかどうかで決まります。

石に彫る作業（マイニング＝採掘）をしている人々を「マイナー」といいます。マイナーは「採掘者」という意味ですが、実際にはコンピュータです。

取引は10分ごとに記録しています。ある10分間の全世界の取引をまとめて記録するのです。この10分間の枠を「ブロック」といいます。次の10分間の取引は次のブロックになります。このようにブロックが繋がっていったものを「ブロックチェーン」と呼びます。

Q 集中管理システムと分散システムの基本的な違いは何ですか?

集中管理システムでは、王様が全ての取引情報を記帳しています。したがって、「王様は不正をしない」と人々が信用していることが重要です。

一方で、分散システムでは、「町の中心に置いた誰もが読める『石板』」に記録しています。情報は石板に書かれているために、書き換えられないのです。だから信頼できます。

もちろん、現実には、記録を石に刻むのは、大変なことです。膨大な時間もかかります。ブロックチェーン技術は、石に記録を非常に素早く書き込むのと同じようなことを、電子的な仕組みで可能にしたのです。

集中管理には問題があります。まずコストが高くなります。記録作業をしているのが王様だからです。また、外部からの攻撃に弱い。もし王宮が悪者に襲われたり嵐で壊れたりすれば、記録が失われます。また、仮に王様が不正をしたら、不正なデータが残ります。

多くの人が記帳に関わるブロックチェーンは、これらの課題を解決します。石に彫る作業をする人に高い賃金を払う必要はありません。また、嵐などでどこかの町の石が壊れても、他の町の石に同じ情報が書かれているので、記録は失われません。そして、記録が石に刻まれているので、書き換えられず、不正を行なえないのです。

Q P2Pとは何ですか？ 誰がP2Pに参加しているのですか？ P2Pは何をしているのですか？

右に述べたのは「たとえ」です。実際には、ブロックチェーンは、取引履歴を記録する台帳が複数あって分散している仕組みです。従来のクライアント・サーバー方式による中央集権型ではなく、ピアツーピア（P2P）を構成するコンピュータが分散管理します。「P2P」というネットワークは、誰でも自由に入れるコンピュータの集まりです。

P2Pを構成するコンピューター——これをnode（ノード）といいます——は、その取引が正しいかどうかチェックします。チェックは、あらかじめ決められたプロトコルというルールに従って行ないます。

P2Pのメンバーは、プロトコルに従って、「Aさんは送るコインを実際に持っているか」「二重払いをしていないか」などをチェックします。nodeの全員が同じデータを受け、同じチェックを行なうことで、不正が行なわれていないことを監視するのです。

そして、P2P内の全てのコンピュータが「送金情報が正しい」と同意すると、一定時間（ビットコインの場合は10分間）の全世界の取引情報がブロックに記録されます。

この作業が次々に行なわれ、一定時間の取引が記録されたブロックが延々と繋がっていくのです。

Q「ハッシュ関数」とは何ですか?

ブロックチェーンの特徴は、「改ざんなどの不正が、事実上不可能」ということですが、そのために、「ハッシュ関数」というものが重要な役割を果たします。

あるデータの集まりをハッシュ関数に入れると、「ハッシュ」という数が出てきます。

これは、一方性処理であり、ハッシュ化されたデータから元のデータを計算で見い出すことは非常に困難で、事実上できません。また、元のデータを少しでも変更すると、ハッシュの値も変わります。

ハッシュ関数がどういうものかをイメージするには、素因数分解を考えるとよいでしょう。素因数分解は、ハッシュ関数によく似ています。

素因数分解とは、6なら「2×3」、10なら「2×5」というように、ある数を素数の積に分解すること、つまり、「正の整数を素数の積の形で表すこと」です。

この作業は、6や10など桁が少なければ簡単ですが、桁が増えれば増えるほど難しくなります。

ただし、素因数分解した数字から、元の数字を求めるのは簡単です。例えば、素因数分解した素数の集まりが、「2、11、13、13、1283」であれば、全てを掛け合わせれば元の数字が出ます。この場合は「4770194」です。

しかし、「4770194を素因数分解しなさい」といわれたら、大変な作業です。2、

3、5、……と順に素数で割って、割り切れるかどうか確かめていかなければならないので、膨大な時間と手間がかかります。
つまり、素因数分解は「ある方向に計算するのは簡単だが、逆方向に計算するのは著しく難しい関数」です。こうした性質を持つ関数を「一方向関数」と呼びます。

ハッシュ関数も「一方向関数」なのです。元のデータからハッシュを導くのは簡単ですが、ハッシュから元のデータを見出すのはとても難しいのです。

Q 「マイニング」とは、どんな作業ですか？

ビットコインのブロックには「世界中の10分間の取引が記録される」といいました。

ブロックには、この他に「前のブロックのハッシュ」と、「ナンス」と呼ばれる数が記録されます。これらのデータを元のデータとして、このブロックのハッシュ値が出力されます（図表4－2参照）。

ここで、ハッシュ値が一定の条件を満たすことが要求されます。例えば、「最初からあ

図表4-2　ブロックとハッシュとナンス

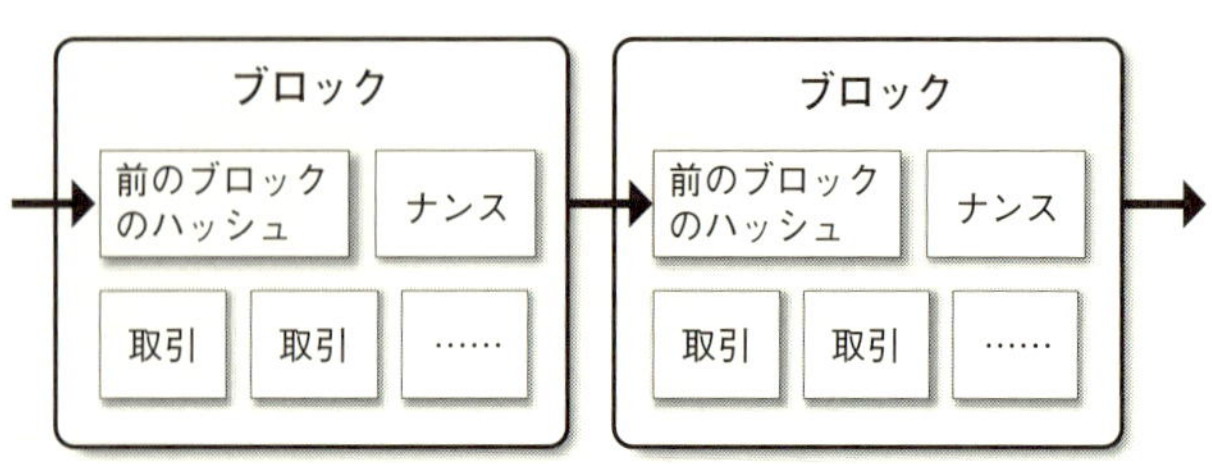

資料：Satoshi Nakamoto, “Bitcoin:A Peer-to-Peer Electronic Cash System”

る桁までゼロが並ぶ」というような条件です。P2Pを構成するコンピュータは、「ハッシュ値がこの条件を満たすようなナンスを求める」という作業を一斉に行ないます。

ところが、先ほども述べたように、ハッシュ関数は一方向関数です。ハッシュ値から元データの一部であるナンスを計算で導くことは、とても難しい。1つずつ数字を当てはめていくしかありません。

この作業にマイナーたちのコンピュータが挑戦し、最初に正しいナンスを見つけたコンピュータが「発見した」と宣言します。

見つけたナンスが正しいことが確認されたら、このマイナーがその10分間の取引についての「責任者」となって、「これらの取引は正しい」というタイムスタンプを押します。そして、その報酬として一定のビットコインをもらいます。この一連の作業を「マイニング」といいます。

こうした作業が繰り返され、ブロックが繋がっていくのです。

Q ノードとマイナーは同じものですか?

マイニングを行なっているコンピュータは、ノードの一種です。ノードには、マイナー以外にも、ウォレット機能を主体とするものなどがあります。

なお、「フルノード」という言葉が用いられることがあります。これは、ブロックチェーンの全てのデータをダウンロードし、不正な取引がないことを検証、監視して、ブロックチェーン情報を他のノードや通常の利用者に伝達するコンピュータです。

マイニングを行なわず、ブロックチェーンの検証のみを行なうコンピュータもあります。ただし、マイニングをしなければ報酬がないため、ボランティアとしてビットコインネットワークの分散化に協力することになります。

Q 私もマイニングをしてみたいのですが、できますか？

普通のPC（パソコン）でマイニングを行なうことは、原理的には可能です。実際、ビットコインの黎明期、マイニングは少数の人たちが自分のPCで行なっていました。

しかしその後、マイニングはビジネス化し、いまでは、マイニング業者たちが、特製のコンピュータを用いて計算作業を行なっています。この計算には大量の電力を要するため、電力料金が安いところでないと採算に合わないという問題もあります。

この結果、現在では、マイニングは電気料金が安い中国の奥地でコンピュータを稼働させる少数のマイナーによって行なわれており、寡占化しているといわれます。したがって個人が自分のPCでマイニングを行なったとしても、まず太刀打ちできないでしょう。

Q ブロックチェーンのデータは、なぜ改ざんできないのですか？

ブロックチェーンのデータを管理しているのはP2Pだといいました。誰でも入れる、コンピュータの集合です。

いま、この中にXという悪人がいたとします。Xは、AさんからBさんへのビットコインの送金を、Aさんから自分つまりXに送金するというデータに書き換えて、ビットコインを盗もうとします。

ところが、ブロックのデータが一部でも変わると、そこから導き出されるハッシュ値も変わります。そうなると、正しいナンスの値も変わるので、計算をし直さねばならなくなります。延々と数字を当てはめていく膨大な作業が、また発生します。

それだけではありません。ブロックには、前のブロックのハッシュ値も記録されています。書き換えたブロックのハッシュ値が変わったということは、次のブロックに入力されるハッシュ値も変わるということです。

そこで、次のブロックでもナンスの正解が変わる。これも計算し直さなくてはいけない。さらに、その次のブロックに引き継がれるハッシュ値も変わるので、またナンスを計算し直す。

こうした作業を、書き換えたブロックから最新のブロックまで全部行なって初めて、データの書き換えが可能になるのです。そんなことは、世界中のコンピュータを全部繋げてもまず不可能です。

これこそが、「なぜ、ブロックチェーンのデータは、石版に彫った文字のように書き換えられないのか」という答えなのです。この仕組みをプルーフ・オブ・ワーク（ＰｏＷ）といいます。

Q プルーフ・オブ・ワークは、無駄な作業ではありませんか？

マイニングで行なっているのは、ナンスという数を求める計算作業であり、その数を求めたところで、現実世界の何かに役立つというわけではありません。そして、この作業を行なうために、大量の電力を消費しています。ですから、無駄かといえば、全く無駄な作業です。

ただし、なぜこのような作業を課しているかを思い出す必要があります。それは、悪意のある人がＰ２Ｐに参加する可能性があるからです。その人たちによってブロックチェーンの記録が改ざんされることを防ぐために、このような作業を課しているのです。

その意味で、プルーフ・オブ・ワークは、必要悪だと考えることができます。

そして、この類のコストは、我々が他の面で日々払っていることにも注意が必要です。

例えば、我々は夜戸締りをしますが、このためには、費用を払って錠を設置する必要があります。もし世の中に泥棒がいなければ、このようなコストは不必要なはずです。

プルーフ・オブ・ワークにおいてコストが必要とされるのも、これと全く同じ理由によるものです。

Q 「ビザンチン将軍問題」とは何ですか?

「信頼できない者同士が集まって共同作業を行ない、それでも裏切り者に陥れられないためには、どうしたらよいか?」

これは「ビザンチン将軍問題」と呼ばれ、これまでコンピュータサイエンスで「解がない」とされていました。ブロックチェーンはこの問題に答えを出したのです。

すでに述べたことから明らかなように、不正行為に挑戦するよりも、マイニングに協力して報酬をもらうほうが得です。ブロックチェーンは「悪いことが採算に合わない」仕組みなのです。悪事が経済的に不合理だから、誰も書き換えないのです。

ブロックチェーンは、「悪いことをするのは倫理的によくないから、やらない」という性善説ではなく、「悪いことをしたら損をするから、やらない」という性悪説に立った仕組みです。

こうして、誰が参加しているか分からないにもかかわらず、信頼できる仕組みができました。プルーフ・オブ・ワークは、これまでのように、「相手がAmazonだから信頼できる」とか、「銀行だから信頼できる」というのとは、根本的に違う仕組みです。

このため、ビットコインは、「信頼できない（かもしれない）人々がやっているのに、信頼できる事業」になっているのです。つまり、ブロックチェーンは、特定の管理者の信用に頼ることなく、悪意を持って損害を与えようとする者を排除できる仕組みなのです。

なお、マウントゴックスの事件はブロックチェーンの仕組みの外にある取引所が保管しているデータが盗まれたという問題であり、ビットコインの仕組みの問題ではありません。

Q ビットコインのP2Pには、どのくらいの数のノードが参加しているのですか?

Bitnodesというウエブサイトによれば、2017年11月中旬において、全世界で1万982のノードがあります。

ブロックチェーンの信頼性も、P2Pの過半数のノードが結託してデータを書き換えた場合には、保証できなくなります。これを「51%問題」といいます(後述)。そこで、結託できないように、十分に多いノードが参加していることが望ましいのですが、右の数字は、十分大きいと考えられています。

Q フォークとは何ですか?

「フォーク」とは、ブロックチェーンの分岐です。

いま、マイニングの作業を行なっている複数のコンピュータ（ノード）が、極めて短い時間幅のうちに、正しいナンスを発見したとします。

この場合、あるブロックの後に複数のブロックが繋がることになります。つまり、ブロックチェーンが分岐するわけです。

この場合、次のように処理されることになっています。

とりあえず、2つのチェーンのどちらも正式なものとして、その後もマイニングを続けます。ノードは、どちらの分岐に自分のブロックを追加してもかまいません。

しかし、最終的には、より長いチェーンが採用され、不採用となったチェーンは捨てられます。つまり、そのチェーンのデータはなかったことにされます。不採用になったチェーンを発掘したマイナーには、採掘報酬は与えられません。

不採用になる分岐で採掘しても報酬が取り消されますから、勝算が高いと予想する分岐に人気が集まるでしょう。こうして、いったん分岐しても、チェーンは再び1つに収束することになります。

フォークとは一見したところ奇妙な現象ですが、これは、あるブロックが承認されることを待たずに現実の取引が行なわれることから、不可避なものです。ただし、ほとんどの取引は分岐したチェーンのどちらにも入っているでしょうから、実際に問題が起こることは少ないと思われます。

Q ソフトフォーク、ハードフォークとは何ですか?

コア開発者がビットコインのルールを改定したい場合に、意図的にフォークが導入されることもあります。

これが、2017年7月に実際に問題となりました。

いったん分岐しても再び1つに収束するものは、「ソフトフォーク」と呼ばれます。

ところが、マイナーのグループが意図的に導入した分岐をマイニングし続けることがあります。こうなると、チェーンは分岐したままになります。これを「ハードフォーク」と呼びます。

2017年8月には、ビットコインがハードフォークし、「ビットコインキャッシュ」が生まれました。

Q 「51％攻撃」とは何ですか？

不正を働こうとするマイナーたちが意図的に不正なブロックを作り、ブロックチェーンを分岐させたとします。

そして、その後もそのブロックに繋がるブロックを承認し続けます。この陣営の計算力が極めて大きければ、不正なチェーンが正当なチェーンより長くなってしまうので、生き残ってしまい、正当なブロックが捨てられてしまいます。このような方法によって、仮想通貨のシステムに攻撃を仕掛けることが可能なわけです。

ただし、分岐したブロックが承認されるためには、計算総量の過半数が必要です。したがって、攻撃が成功するためには、攻撃側が全体の51％以上の計算量を持っている必要があります。

そこで、これを「51％攻撃」と呼びます。しかし、全世界で計算に参加しているノードの計算力は極めて大きいため、51％攻撃を実行するのは大変な作業です。

2．ブロックチェーンはどれほど重要か？

Q　ブロックチェーンの登場はインターネットの登場と同じような重要性を持つといわれますが、それほど重要なことなのでしょうか？

ブロックチェーンの重要性を理解するには、「インターネットでできなかったこと」を考えてみると分かりやすいでしょう。

インターネットは、情報を地球上のどこにでも、ほぼコストゼロで送ることを可能にしました。これは、革命的なことです。しかし、インターネットでもできなかったことが2つあります。

第1は、「経済的な価値を送ること」。そして第2は、「信頼を確立すること」です。この2つを、ブロックチェーンは可能にしたのです。

これによって、経済的な価値を安いコストで送ることが可能になり、またデータが正しいといえるようになりました。いままでインターネットが実現できなかった2つのことを、ブロックチェーンは実現したのです。これは、「革命」です。

ドン・タプスコットは、『ブロックチェーン・レボリューション』（ダイヤモンド社、2016年）の中で、「従来のインターネットが情報のインターネットであるのに対して、ブロックチェーンは価値のインターネット」といっていますが、そのとおりです。

Q ブロックチェーンによってインターネットで経済的な価値を送れるようになったのは、なぜですか?

インターネットで経済的な価値を送るために必要な条件は、2つあります。第1は、銀行のような管理者が存在しなくても、取引記録システムを信頼できること。第2は、そこに記録された情報が、「改ざんできない」ことです。

電子的なデータは容易に書き換えられるので、提出された電子データが正本なのか、書

図表4-3　ブロックチェーン革命は何をもたらしたか?

- 「ビザンチン将軍問題」の解決
- 相手の組織を信頼する必要がない。Trustless 社会の実現
- マネーを送れるようになった
  銀行などの管理主体を必要としないマネー、グローバルなマネー、マネーの競争
- 巨大組織の有利性の消滅
- 組織に縛られずに働ける。独立自営業者の時代

き換えられたものなのかを、判断ができません。

そのため、インターネットが登場して以降も、電子的な手段だけで経済的な取引を完結するのは、非常に難しかったのです。

これに対して、ブロックチェーンに書き込まれたデータは、書き換えることが事実上不可能、というのがポイントです。そのため、信頼性が担保されます。このために、貨幣などの経済的価値を、インターネットで送ることができるようになったのです。

ビットコインなどの通貨に限らず、証券取引や保険にブロックチェーンを応用する試みも行なわれています(第5章を参照)。

金融は、ほとんどの経済活動の裏側にあるものなので、想像もつかないような変化が起きる可能性があります。

また、金融にとどまらず、様々なビジネス領域での活用が期待されています。シェアリング・エコノミーなどの分野で大きな変化をもたらすと考えられます。また、予測市場、商品の履歴追跡、ＩｏＴといった応用範囲があります（第５、６、７章参照）。

ブロックチェーンは、情報の世界においてインターネットが登場したときと似た地殻変動を、金融などの経済活動の世界に引き起こすでしょう。

世界経済フォーラムは、２０１６年8月に発表したレポートの中で、ブロックチェーンを、「今後数年間に世界に大きな影響を与える10大技術の１つ」としました。

Q 「信頼性の確立」とは何ですか？　それは、どれほど重要なことですか？

従来のインターネットでできなかったもう１つのことは、信頼性の確立です。

インターネットは、通信している相手が本当にその人なのかを確かめられない点で、信頼性の低い、脆弱なシステムです。

例えば、Amaon にアクセスしても、「いま開いているサイトが、本当に Amazon なのか、それとも Amaon の成りすましサイトなのか、分からない」という問題です。本当に Amazon だったとしても、誰かが途中で情報を改ざんしているかもしれません。

信頼が確立できないということは、非常に大きな問題です。

そのため、通貨のような価値のあるものを送ることができませんでした。相手が誰だか分からないし、送られてきたデータが正しいかどうかが分からないからです。

インターネットの登場によって情報を送信するコストが下がり、社会がフラット化すると期待されていたのですが、それが実現できなかった大きな理由は、ここにあります。

それに対して、ブロックチェーンは、「そこに書かれている情報が正しい情報である」といえる仕組みなのです。これによって、インターネット上での信頼の確立が可能になりました。

ブロックチェーンのシステムでは、相手の組織を信頼する必要はありません。仕組み自体がデータの正しさを確立できるので、これまでのように信頼ある組織に頼らずに経済的な取引ができるようになったのです。これが重要なポイントです。

Q これまでも、インターネットで経済的な価値を送れたのではありませんか？

確かに、例えばAmazonで本を買うときには、クレジットカードを使ってインターネット上で送金ができます。しかし、これは、相手がAmazonだから可能、という側面が強いのです。

第1に、我々は送金先がAmazonなどの信頼できる相手なら、クレジットカード番号を教えます。しかし、名前を聞いたこともないサイトであれば、教えないでしょう。

第2に、そのサイトが本当にAmazonなのかどうか、見た目だけでは判断できません。全く同じように作られた成りすましサイトかもしれません。

これに対応するため、インターネットでは、「SSL認証」という仕組みを使うことで、「相手は間違いなくAmazonである」と証明するようにしています。

信頼できる第三者機関である認証局がサーバー証明書を発行して、身元の証明を行なっています。つまり、信頼できる組織の「お墨付き」を信頼して、経済的な取引をしているのです。

しかし、この認証を得るには、コストがかかります。事実上、大企業にしかできません。

Q 送金コストの低下は、どれほど重要なことですか?

クレジットカードを使った決済では、通常、決済額の2～4%の手数料がかかります。買う側は気づきませんが、認証に関わるコストやクレジットカードの手数料を、事業者が負担しているのです。

店舗の側から見ると、仮想通貨を使えば、これまでクレジットカードの決済で負担していた手数料が要らなくなります。これは、店舗にとって大変大きな意味があります。

法人企業統計によれば、2016年1－3月期の売上高営業利益率は、全産業、全規模で4・6%です。資本金が1000－2000万円の小売業では、2・3%にすぎません。したがって、「現在ではクレジットカード決済を導入できないが、仮想通貨決済なら受け付けられる」という企業が多数存在するのです。

つまり、現在のインターネットを使った送金システムは非常に無理があるもので、かつ膨大なコストがかかり、それを結局は、我々が負担しているのです。

「決済」という行為は、ほとんどの経済活動の裏側にあります。それにもかかわらず、これが、極端にいえば中世以来変わっておらず、非常に非効率的な状態のままなのです。

マイクロペイメント（少額の送金）が可能になる効果は著しいでしょう。これにより、ウエブコンテンツの有料配信が可能になります。また、海外への送金が便利になり、コストが飛躍的に下がります。こうして、送金と決済の仕組みが大きく変わるのです。

その影響は、インターネットがそうだったように、計り知れません。

Q ブロックチェーンの利用が本格化するのは、いつ頃ですか？

ブロックチェーンの登場は、「メインフレームコンピュータ（大型コンピュータ）からP

Cへの変革」「電話からインターネットへの変革」に続く「ITにおける第3の革命」と考えることができます。

もっとも、飛行機やインターネットが発明された当初がそうだったように、あまりにも革新的な発明は、最初は社会的に受け入れられず、「まやかしだ」といわれてしまうものです。

仮想通貨に対する評価は、いまだにそうした段階にあるといえるかもしれません。

インターネットの普及を振り返ると、多くの人が一般的に使うようになるまでに、導入から10年以上の時間がかかりました。そうなった大きな理由は、電話回線からインターネット回線へと、通信回線を変える必要があったことです。

しかし、現在はすでに、通信インフラは整っています。したがって、ブロックチェーンは、インターネットの普及よりもっと短い時間で実用化される可能性があります。

3. 2つのブロックチェーン：パブリックとプライベート

Q パブリックブロックチェーンとプライベートブロックチェーンは、どこが違うのですか？

ブロックチェーンには、大きく分けて2つの方式があります。

第1は、ビットコインで採用されている「パブリックブロックチェーン」という方式です。ここには管理者が存在せず、P2Pによるネットワークで、取引台帳を分散管理します。ネットワークには誰でも自由に参加できます。本章の1で説明したのは、このタイプのブロックチェーンです。

パブリックでオープンなネットワークを使って、信頼性の高いネットワークを実現した点がポイントです。これが金融も含めてあらゆる領域の取引で利用されれば、社会はフラット化し、分権化していくと考えられています。

第2は、「プライベートブロックチェーン」で、「ネットワークに入るコンピュータを管理者が決める」というものです。そして、ブロックチェーン全体を管理者がコントロールします。これは、誰もが自由に入ることのできるP2Pとは全く違います。

プライベートブロックチェーンの信頼性は、仕組みそのものではなく、従来のように管理者の信頼性によって担保されているのです。両者は、思想的に全く異なるものだといってよいでしょう。

Q　金融機関が用いようとしているのは、どちらのブロックチェーンですか?

いま、世界中の銀行や各中央銀行が、ブロックチェーンを用いた仮想通貨を発行しようとしています。ここで用いられるのは、「プライベートブロックチェーン」です。ブロックチェーンと銘打ってはいるものの、ネットワークに参加できるのは、銀行が選んだコンピュータだけです。

プライベートブロックチェーンでは、ネットワークに含まれるコンピュータの数は、パブリックブロックチェーンの場合のように多くはありません。金融機関がプライベートブロックチェーンを業務に応用する実証実験を行なっていますが、参加しているコンピュータ（ノード）は10台以下であるのが普通です。

Q パブリックブロックチェーンとプライベートブロックチェーンの差は、参加しているコンピュータの数だけですか？

それだけでなく、そもそも根本思想が違います。

ブロックチェーンは、これまでインターネット上では不可能だった「信頼の確立」を可能にしたといいました。「悪いことをしようとしても割に合わない。だから信頼できる」というのが、パブリックブロックチェーンがもたらした「革命」です。何を信頼しているかというと、組織ではなく、ブロックチェーンの仕組みを信頼しているのです。

それに対して、プライベートブロックチェーンでは、「三菱東京ＵＦＪ銀行は悪いことをやらないだろう」とか、「日本銀行は悪いことをやらないだろう」という、組織への信頼がベースとなります。これは「Amazon のサイトだからクレジットカード情報を入力しても大丈夫だろう」という、従来のインターネット上での信頼の仕組みと全く同じです。つまり、組織を信用しなければならないのです。

社会革命と呼ぶべきパブリックブロックチェーンに対して、プライベートブロックチェーンを「革命」と呼べるかどうかは、疑問です。両者は全く違うものです。ただ、新聞などの報道・解説で、この違いが強調されることはありません。

Q パブリックとプライベートの、どちらのブロックチェーンが普及するのが望ましいのですか?

現行の通貨の代わりにブロックチェーンによる仮想通貨が主流になれば、自由な社会が実現されるでしょう。ただし、それは、参加が自由で管理者がいないパブリックブロックチェーンの場合です。プライベートブロックチェーンが主流になった場合には、話は大きく変わります。

プライベートブロックチェーンとは、「ネットワークに入るコンピュータを組織が自分たちで決める」仕組みです。「誰でも参加できる」パブリックブロックチェーンとは根本思想が違います。「組織が悪いことをするはずはない」という信頼に基づく仕組みです。

パブリックブロックチェーンによる自由な社会がよいか、プライベートブロックチェーンによる管理された社会がよいかは、思想の問題であり、一概にはいえません。しかし、2つのブロックチェーンのどちらを選ぶかが、将来の社会の性格を決める大きな要素となることは、知っておく必要があります。

第5章

ブロックチェーンの応用が広がる

1. 証券取引や保険、そして資金調達も変わる

Q 金融の分野において、通貨以外にブロックチェーンを応用できる分野がありますか？

金融業は、もともと広義の情報産業の1つです。したがって、ブロックチェーン技術のような新しい情報技術によって大きな変化が生じるのは、当然のことです。

これまで金融業に大きな技術的変化が生じなかったのは、金融業が強く規制された産業であり、とりわけ参入規制が厳しかったからです。このため、新しい技術を導入して業務を効率化するインセンティブが十分に働かなかったと考えられます。

ブロックチェーンの導入は、金融業の基本構造に極めて大きなインパクトを与えます。

金融業で行なわれている業務の多くは、情報の仲介です。これがブロックチェーンで代

図表5－1　ブロックチェーンの応用（金融）

通貨	証券
ビットコイン型の仮想通貨 メガバンクが発行する仮想通貨 中央銀行が発行する仮想通貨	取引は高速だが、清算と決済に時間がかかる ブロックチェーンで高速化
保険	**資金調達**
P2P保険 パラメトリック保険	ＩＣＯがＩＰＯにとって代わる

替されれば、コストが低下します。これによって、金融業の姿は大きく変わるでしょう。

第1、2、3章で述べた送金の面で大きな変化が生じますが、それだけではありません。図表5－1に示すように、証券、保険、資金調達などの面での利用も考えられます。なお、この表を図表1－4と比較すると、多くの分野がどちらにも登場していることが分かります。つまり、ブロックチェーンは、フィンテックのほとんどの分野に革新をもたらすのです。

銀行や証券会社が現在行なっている業務の多くが、ブロックチェーンによって代替され、場合によっては消滅するかもしれません。

Q 証券取引の場合、ブロックチェーンをどこで使うのでしょうか？

証券業務の一般的な問題として、決済業務に数日間もかかることがあります。これを短縮するため、証券取引所が、ブロックチェーンを利用した決済業務の実験に取り組んでいます。

Nasdaq（ナスダック）は「Nasdaq Linq」という未公開株取引システムの実証実験を行ない、成功しています。ニューヨーク証券取引所やVisaなども同様の実験に取り組んでいます。

ナスダックの実験は、取引の後に行なわれる決済・清算にブロックチェーンを使うものです。日本でも日本取引所グループが同じ実験に成功したと発表しています。

近い未来、証券取引に関わる多くの人々の業務が自動化される可能性があります。

Q　保険でブロックチェーンが使われるようになると、どうなるでしょうか？

保険の分野でも、ブロックチェーンの応用が考えられています。Ｐ２Ｐ保険やパラメトリック保険といわれるものが、ブロックチェーンの利用で実現しつつあります。

「Ｐ２Ｐ保険」とは、何人かの人が資金を拠出し、グループ内の個人に起きた事故に保険金を支払う仕組みです。

「パラメトリック保険」とは、損失額を測定してから保険金を支払うのでなく、特定の事象の生起に対して、即時に保険金を払うものです。例えば、ある規模の地震がある地域で起きれば、自動的に保険金を支払います。

以上のような新しい保険は、従来の保険ビジネスにとって大きな脅威となるでしょう。

Q 新しい資金調達法である「ICO」とは、何ですか？

仮想通貨を発行することで資金調達をするICO（Initial Coin Offering）という方式が、活発になりつつあります。

これは、ブロックチェーン関連のプロジェクトが、将来提供するサービスで用いる仮想通貨（トークン）を、サービス提供前に売り出すことです。

これまでベンチャーキャピタルが行なってきた出資や、IPO（Initial Public Offering：新規株式公開）に代替する資金調達手段になる可能性があります。

CNBCが伝えるところでは、2017年上半期では、ICOによる資金調達額が同期間にベンチャーキャピタルから調達した資金を上回り、12・5億ドルに上りました。

Q ICOは、従来の資金調達法に比べてどこが優れているのですか？

ＩＰＯの場合、売り出し価格を決定するためには、様々な複雑な条件を考慮しなければならず、そのために専門的な知識が必要になります。ここで投資銀行や証券会社が重要な役割を果たしますが、かなりの手数料が必要になります。ＩＰＯの引受手数料率は、資金調達額の３〜７％程度になることが多いといわれます。

これに対して、ＩＣＯは、インターネットで行なうクラウドファンディングの一種であり、完全に自律的ではなくとも、それに近い仕組みです。しかも、ブロックチェーンを用いているので、コストを著しく低下させることができます。ＩＰＯのコストの10分の１程度に抑えることができるといわれます。

また、投資家も、インターネットで直接に購入することができます。そのため、投資家にとっての選択肢が増えます。こうした意味で、「ＩＣＯによって資金調達方法が民主化される」と評価されます。

資金調達者の側から見ても、新しい可能性が拓けました。これまでフィンテックで提供されてきたクラウドファンディングやソーシャルレンディングによって資金調達できる主体は、限定的だったのです。

ＩＣＯなら、これまでより多くのスタートアップ企業が、資金調達できるでしょう。それによってブロックチェーン関連の技術開発が促進されることが、期待されます。

Q ICOには問題があるのでしょうか?ICOを取り締まる必要があるのでしょうか?

現在のICOに問題があることは否定できません。最近の状況を見ると、バブル的な側面もあります。

中国は、2017年9月にICOを禁止しました。これは、とくに中国においてICOのバブル的様相が強くなり、多くの投資家がプロジェクトをまともに評価もせずに、ICOに資金を投入したからだと考えられます。

ICOは始まったばかりであり、投資の安全性は保障されていません。新しい取引が未来を築いていくためには、克服されなければならない問題がまだ沢山あります。

しかし、無暗に取り締まったり規制したりすれば、せっかく登場した新しい資金調達手段の芽を摘むことになります。必要なのは、現在の仕組みを改善することです。

問題なのは、ＩＰＯは事業が開始されてその目途がついてから後の資金調達であるのに対して、ＩＣＯは、事業がまだ始まっていない段階の資金調達であることです。ホワイトペーパーと呼ばれる事業計画書があるにすぎません。ですから、ルールの確立が必要です（例えば、ホワイトペーパーで明らかにすべき点を決めるなど）。

また、売り出しの方法にも工夫が必要でしょう（例えば、オークションの手法を導入するなど）。さらに、上場にあたって、取引所が専門家の目で厳しく審査する必要があります。

2. スマートコントラクト、商品の履歴追跡

Q スマートコントラクトとは何ですか?

ビットコインの基幹技術として登場したブロックチェーンは、金融の分野にとどまらず、あらゆるビジネス、組織の在り方、さらには私たちの働き方にまで本質的な変革をもたらします。

その基本に、「スマートコントラクト」があります。

スマートコントラクトとは、コンピュータが理解できる形の契約です。「あらかじめ決められている契約に従い、ブロックチェーンを用いて取引を自動的に行なう」ということは、ビットコインなどの仮想通貨に関しては、すでに実現されていることです。

図表5-2　ブロックチェーンの応用（金融以外）

ブロックチェーンの応用は金融にとどまらない

- 正しさの証明。商品の履歴追跡
- 予測市場
  胴元がいない透明なシステム
- シェアリング・エコノミー
  Uber や Airbnb のような仲介者がいない仕組み
- IoT

ところで、「あらかじめ決められている契約」とは、仮想通貨の取引だけに限定されるものではありません。もっと一般的な契約に関して応用できます。そうした可能性は、「スマートコントラクト」として実現できると予測されていました。

契約の交渉、締結、執行などの全てをブロックチェーン上で自動処理し、記録するのです。それによって、複雑な契約を、短時間で、低いコストで実行できます。「契約」の条件確認や履行が「自動化」されるということです。

したがって、ブロックチェーンが活用できるのは、通貨にとどまりません。より広い範囲の事業に、「スマートコントラクト」の適用が可能です。これを用いて、ブロックチェーンの金融以外の分野への応用が広がっています（図表5－2参照）。

数多くの分野でブロックチェーンを用いるプロジェクトが進められており、その応用範囲は非常に広いと考えられています。ブロックチェーンは世の中全体の仕組みを変え得るものなのです。

Q 「正しさの証明」とは何ですか？それは、どれほど重要なことですか？

ブロックチェーン技術によって、これまでインターネットでできなかったことが可能になりました。

それは、インターネット上で「正しい情報は何か」ということが証明できるようになったことです。

電子的な情報は簡単に改ざんできますから、「成りすまし」が簡単にできます。それが起こらないように様々な対策がなされてきましたが、第4章の2で述べたように、これまでは非常にコストのかかる不自然な仕組みとなっていたのです。

ところが、ブロックチェーンの活用によって、「正しさの証明」それ自体を、インターネットでできるようになりました。これは非常に大きな成果なのです。

具体例としては、以下に見るように、公的認証、公証サービス、土地登記、文書の存在証明などがあります。

Q 「ブロックチェーンを用いる公的認証」とは何ですか？

ブロックチェーン技術を活用すれば、証券取引や保険、貿易金融、株券の取り扱いなどの既存の金融機関業務が、人間の判断を要せず、自動的に実行できるようになります。

また、特許権や著作権のような知的財産権の証明や、土地登記や結婚証明など公的証明分野での応用が検討されています。映画や音楽などの著作物も、正規版の証明ができるようになります。

エストニアでは、2014年12月から、ブロックチェーンによる公証サービスが開始されました。このシステムでは、婚姻・出生・ビジネス契約などの公証サービスを行なうことができます。

スウェーデン政府は、ブロックチェーンで不動産登記情報を管理する実験を開始しました。中国にも、同様のプロジェクト「スマートシティ計画」があります。ジョージア（グルジア）政府も同様の試みを行なっています。

中米のホンジュラスでは、土地登記書類の管理が不完全なので改ざんされやすく、土地の6割が登録・管理されていないといいます。そこで、登記をブロックチェーンで管理することを試みています。

この他、徴税や社会福祉サービス、パスポートの発行、人口統計などの公共データの記録に役立てることが可能とされます。

Q 「正しさの証明」としては、他にどのようなものがありますか？

国家以外の主体によって、ブロックチェーンを用いて正しいことを証明する仕組みも始まっています。

例えば、「ある時点で、ある文書が存在した」ということを証明するサービスがあります（Proof of Existence）。

土地登記についても、スウェーデンでは国が主導で開発していますが、民間企業が主導していることもあります。

また、「私はこれだけ能力があります」、あるいは「私はこれだけ教育を受けました」ということを示すサービスなどもできています。

Q ブロックチェーンによる医療データの管理とは何ですか？

ブロックチェーンを使って医療データを共有するための取り組みが始まっています。アメリカ連邦政府の保健福祉省（ＨＨＳ）の一部門である国家医療ＩＴ調整室（ＯＮＣ）は、２０１６年、ブロックチェーンを医療情報に用いるシステム開発のコンペを実施しました。

ＭＩＴメディアラボは、「MedRec」というシステムを開発しています。ここには医療記録は保存せず、署名を記録します。そして、患者が最終的に自分のデータをコントロールできます。

Guardtimeは、エストニア政府と提携して、エストニア国民の生涯の健康・医療データの記録管理にブロックチェーンを利用する試験を開始しています。同様の試みは、日本でも始まっています。福岡市は、市民の医療データと東京海上日動火災保険のデータを連携させるための実証事業を開始しました。

Q「商品履歴のトラッキング」とは何ですか？

サプライチェーン・マネジメントにおいて、「トレーサビリティ」（追跡可能性）が必要だといわれます。これは、物品の流通経路を、生産段階から始まって最終消費段階（場合によっては廃棄段階）に至るまで、追跡可能とすることです。製品が誰によってどこで作られたか、どのような所有者を経てきたか、などのデータを蓄積するのです。

複数の企業でブロックチェーンを利用して情報を共有することにより、物流管理に使うことが可能です。

その例として、ダイヤモンドの履歴のトラッキングEverledgerがあります。センサーで個々のダイヤの形状を厳密に測定し、そのデータをブロックチェーンに登録します。そして、原産地の証明のほか、ダイヤの取引履歴をブロックチェーンに記録します。購入者は来歴を追跡することができます。このため、「ブラッド・ダイヤモンド」（紛争の資金調達のため不法に取引されるダイヤモンド）や盗品の購入を回避できます。

食品などの生産・取引データを記録すれば、廃棄食品の横流しなども防げます。

Q 日本にも商品履歴のトラッキングのサービスがありますか？

株式会社オートバックスセブンは、2016年8月、ブロックチェーンを用いて、個人間の中古カー用品売買の売買プラットフォームを構築する実証実験を開始したと発表しました。

同社の発表は、「本サービスでは、改ざんが困難なブロックチェーン上で各商品の購入日、所有者データを管理し、それらを購入希望者に一部開示することで信頼性の高い取引環境をユーザーに提供します。さらに本サービスを実現することで、各商品が販売されてから廃棄されるまで、その所有者等が追跡可能となるため、不法投棄等の社会問題の解決に繋がる可能性も期待されます」と述べています。

これまでの中古車用品の個人間売買サービスでは、各商品についての情報は売り手の情報提供に頼らざるを得なかったのですが、ブロックチェーンで情報を管理することによって、真正性が担保されることになるとされます。

3. 予測市場がデリバティブにとって代わる

Q 予測市場とは、何ですか?

ブロックチェーンを用いて行なわれている事業はすでに数多くありますが、注目すべきものの1つとして、「予測市場」があります。

これは、将来の出来事について賭けをする市場です。

例えば、2016年で一番多かった賭けは、「アメリカの大統領選で、どちらが勝つか」というものです。ある人が「トランプが勝つ」という提案をします。それに対して、「トランプが勝つ」と思う人、「ヒラリーが勝つ」と思う人が、それぞれお金を賭けます。

あるいは、「ワールドカップで勝つ国は?」でもかまいません。

未来の不確実な出来事に対してお金を賭け、予測が的中した人に配当を支払うのです。

Q 予測市場にブロックチェーンを使うメリットは何ですか？

予測市場は昔からありましたが、これまでの予測市場には大きな問題がありました。それは、「胴元が不正をする可能性がある」ことです。胴元が賭け金を懐に入れたり、結果を操作したりするという可能性を、完全に排除することは難しいのです。

ところが、この問題は、ブロックチェーンによって解決することができます。ブロックチェーンを使えば、胴元がいない予測市場が可能になるからです。賭け率の計算から配当の支払いまで、ブロックチェーンを用いた仕組みによって自動的に進めることが可能です。なお、結果の認定は、外部の人間が参加して行ないます。

ブロックチェーンを用いた予測市場は、すでにいくつか登場しています。代表的なものがAugur（オーガー）で、賭け率の計算や賭け金の預かり、配当の支払いをブロックチェーンを使って進めていきます。管理者がいないので、誰も不正を働くことはできません。管理者がいないことが、むしろ信頼に繋がるのです。スマートコントラクトで自動的に実行されるため、誰かが恣意的に「改ざん」することはできないからです。

Q 予測市場はどのような働きをするのでしょうか？

予測市場は単なるギャンブルではありません。ビジネスにおいて、様々な応用範囲が考えられます。

いまはまだ実験段階ですが、なぜこれが注目されるかというと、金融業務のかなりの部分を代替できる可能性があるからです。

例えば、ビットコインは価格変動が大きいことがリスクだといわれます。これに対処するため、予測市場で「1年後のビットコインの価格は1000ドルを下回るかどうか」という賭けを提案し、「1000ドルを下回る」に賭けるのです。

1年後、本当にビットコインの価格が下がったら、損をします。しかし、予測市場では勝って配当を受け取ることができます。このようにして、大幅な価格変動による資産価値の変動をヘッジすることができるのです。

これは「先物取引」によるリスクヘッジと同じようなものです。

例えば、天候不順によるリスクを緩和するため、先物取引で農作物の価格を固定しておくことができます。デリバティブやオプション、CDS（クレジット・デフォルト・スワップ）といった金融商品も、不確実性に対するヘッジの手段です。

ただし、先物市場やデリバティブが提供されている分野は限られています。予測市場を使えば、あらゆるリスクをヘッジできる可能性が出てくるのです。

Q ブロックチェーンは法律で規制しうるのでしょうか？

ブロックチェーンの活用にあたっての大きな課題は、現行の法規制が、ブロックチェーンによる新しい事業形態を想定していないことです。

「どんな事業にも責任者がいる」という前提に立った現在の法規制では、パブリックブロックチェーンのような管理者不在の仕組みを想定していません。ネットワークに参加する数千のコンピュータ（ノード）を止めることは現実には不可能ですから、規制しようもありません。

多くの国でギャンブルは違法とされていますが、中央集権型のシステムであれば管理者を取り締まることができます。しかし、例えばAugurは、胴元がいないため、規制ができません。

予測市場は反社会的なものではありませんが、一般的には、次のような問題が発生しえます。

・反社会的な取引に使われたら、規制できるのか?
・どんな犯罪が新たに現われうるのか?
・我々は、そうした新たな犯罪に対してどう対応すればいいのか?

なお、ブロックチェーンで運営されている事業について問題が起きたとき、あるいは、ブロックチェーンで紛争が起きたとき、「裁判所が決めればよい」との考えがあるかもしれません。

確かに、裁判所が決めることはできます。しかし、執行ができません。強制する相手がいないのです。ブロックチェーンは自動的に動いていて、経営している主体がいないからです。

4. ブロックチェーンと日本企業

Q ブロックチェーン開発に最も積極的に取り組んでいる国はどこですか？

これまではアメリカでした。しかし、最近では中国に移りつつあります。

中国政府は、２０１６年に策定した「第13次５カ年国家情報化計画」（計画期間：２０１６－２０年）において、ブロックチェーンを優先プロジェクトとして指定しました。

中国の調査会社「乌镇智库（Wuzhen Institute）」の「２０１７年中国ブロックチェーン産業発展白書（中国区块链产业发展白皮书）」は、興味あるデータを示しています（この白書は中国語ですが、「区块链」がブロックチェーンであることを知っていれば、読むことができます）。

それによると、ブロックチェーン関連企業の設立数は、15年まではアメリカが世界一だったのですが、16年に中国がアメリカを抜き、世界一となりました。

中国の金融機関は、ブロックチェーンをてこに、技術面の後れを一気に挽回し、システムを一新しようとしています。

Q 日本でのブロックチェーンへの取り組みの状況はどうですか？

ブロックチェーンに関する日本での取り組みは、海外に比べて、スタートアップベンチャーの数も圧倒的に少なく、比較にならないほど後れているというのが現状です。

あるコンサルティング会社の調査によれば、ブロックチェーンに限らず、フィンテック全体の投資額が、日本はアメリカの200分の1といわれています。

また、非上場で評価額が10億ドル以上の「ユニコーン企業」（第6章の1参照）と呼ばれるスタートアップ企業は、ウォールストリート・ジャーナルによれば、2017年10月に全世界で168社ほどあるといわれていますが、その半数以上がアメリカで、その次は中国です。日本は1社か2社で、比べものにならないのが現状です。

これまでの日本の技術は、モノづくりやハードウェアの分野で強みがありましたが、コンピュータサイエンスなどの先端分野では弱かったことが背景にあります。

この分野の教育が他国に比べ後れているのも、大きな原因です。

Q インターネットで後れをとってしまった日本と日本企業が、ブロックチェーンで逆転を果たすことは可能でしょうか?

変化に対応するには、社内の技術人材の中心をシフトさせる必要があります。

しかし、日本の企業がこのような要請に対応するのは、極めて難しいといわざるを得ません。エレクトロニクス産業の場合には、それに失敗しました。日本の技術が劣化したのではなく、技術の性格が変わり、そのシフトに日本企業が対応できなかったのです。基本的な理由は、日本企業が自己完結的で閉鎖的な構造を持っていることです。

しばしば、技術開発について、「エコシステム」ということがいわれます。これは新しい技術を開発するための体制です。このコンセプトは、技術の開発だけではなく、活用についても重要です。日本企業は、「技術利用のエコシステム」において、大きな問題を抱えているのです。

Q　ブロックチェーンを活用した日本企業で、注目される企業はないでしょうか？

日本企業によるブロックチェーンの活用事例もあります。

例えば、ソニー・グローバルエデュケーションは、ブロックチェーンを教育分野に応用し、個人の学習到達度や学習活動記録などのデータをブロックチェーンで管理しようという取り組みを始めています。

就職活動をするときに、学校の成績証明書など公的機関の証明書を出しますが、それと同じようなものです。

同社は、「世界算数」というテストを行なっていますが、その成績をブロックチェーンで管理するというものです。そうすると、試験でどのくらいの成績をとったかが、「正しいデータ」として分かります。

また、リクルートの子会社であるリクルートテクノロジーズは、転職支援業務の一部をブロックチェーン化する実証実験を行ないました。「履歴書」「卒業証明書」などの個人データをブロックチェーンで管理し、転職時に活用することで人的資源の管理、活用を行なおうという取り組みです。

事例はまだ少ないものの、こうした事例が日本でも出てきています。

第6章

シェアリング・エコノミーとブロックチェーン

1．シェアリング・エコノミーとは何か？

Q シェアリング・エコノミーとは何ですか？

「シェアリング・エコノミー」と呼ばれる新しい仕組みが注目を集め、広がっています。これは、自動車や部屋など、これまでは各個人が所有して自分だけで利用していたものを、多くの人と共有して利用する仕組みです。

サービスの供給者と需要者を、スマートフォンのアプリによって仲介するサービスを提供する新興企業が、目覚ましい発展をし、巨額の企業価値を実現しています。そして、経済社会を大きく変えようとしています。

Q Uberはどんなサービスを提供しているのですか？

「シェアリング・エコノミー」のサービスの1つに、Uber（ウーバー）があります。これは、タクシーの配車サービスです。アプリでタクシーを呼ぶことができます。何分したら来るか、目的地までの料金はいくらかなどが、乗る前に分かります。

利用者にとっては、いつになったら来るか分からないタクシーを待つよりは、ずっと安心できるでしょう。また、タクシーの運転手も、無駄な流しをする必要がなくなります。

さらにいくつかの利点があります。1つは、混雑時などに料金を引き上げることです。こうすれば、「どうしてもタクシーが必要な人がタクシーを捕まえられない」といった事態を防ぐことができます。これは、「ピークロードプライシング」と呼ばれるものですが、これまでのタクシーでは技術的な制約があって、実現できませんでした。

第2は、利用者がタクシーの運転手のサービスを評価できることです。スマートフォン上のサービスであるために、利用者が直ちに運転手のサービスを評価し、それをフィードバックすることができます。そうした情報はスマートフォン上に表示されるので、次の利用者はそれを参照しながら、タクシーを選ぶことができます。これによって、客は、マナーが悪い運転手など評判の悪い運転手をあらかじめ知ることができるので、そうした運転手を回避することができます。

自分の車に乗せたい人と乗りたい人をマッチングさせることを「ライドシェアリング」といいますが、Uberはその1つです。

自転車でも、ライドシェアリングが進められています。

Q Airbnbはどんなサービスを提供しているのですか?

Airbnb（エアビーアンドビー）は、部屋を貸したい人と部屋を借りたい人をインターネット上のサービスでマッチさせる民宿紹介サービスの仕組みです。

自分が持っている空室や建物を、旅行者などに貸すことができます。旅行者が地域を選ぶと、ゲストを迎え入れたいホストの物件写真と顔写真の一覧を見ることができます。物件は一軒家やアパートの空き部屋が一般的ですが、城や個人所有の島まで貸しに出されることがあります。

Q　シェアリング・エコノミーに関して、しばしば「ユニコーン企業」という言葉を聞くのですが、これは何ですか？

「ユニコーン（一角獣）企業」とは、非上場であるにもかかわらず、企業価値が10億ドルを超えるスタートアップ企業です。

Uber も Airbnb も未上場ですが、ウォールストリートジャーナルの The Billion Dollar Startup Club によれば、２０１７年10月時点でのUber の企業価値は６８０億ドル、Airbnb のそれが３１０億ドルです。日本円でいえば、約７・５兆円と約３・７兆円になります。

ＪＲ東日本やＪＲ東海の時価総額が約４兆円であることと比較すると、これらの企業の企業価値の巨大さが分かるでしょう。

ちなみに、日本の企業で時価総額が Uber を超える企業は5社しかなく、Airbnb を超える企業は32社しかありません。

このように高い価値がつくのは、シェアリング・エコノミーがこれからの経済活動にとって重要な意味を持ち、我々の経済活動の姿を大きく変えるだろうと期待されるからです。

Q 「シェアリング」は、昔からあったのではないですか? いまいわれているものは、どこが新しいのですか?

「社会構造を変化させている」という点、とくに、「新しい就業機会を創出した」という点が重要です。

UberやAirbnbが大きな企業価値を獲得できたのは、単にそれらのサービスが便利であるというだけではなく、社会構造を大きく変えつつあるからです。

では、どのような意味において社会を変えているのでしょうか?

資本施設や耐久消費財を多数の人が共同で利用すること自体は、昔から行なわれてきました。

例えば車についていえば、タクシーというサービスは昔からありました。レンタカーもそうです。最近では、例えば、時間パーキングのタイムズ24が提供する車のシェアリング・サービスがあります。

宿泊施設についていえば、ホテルや旅館はシェアリングです。そして、大昔からあります。このように、シェアリングということ自体は、新しいものではありません。最近起こっているのは、シェアリングの形態の変化です。

従来からあるシェアリングは、業者が提供するサービスです。これとUberは違います。Uberのサービスを用いれば、普通の人が自分の車をタクシーに提供できます。Uberは、従来型のタクシーを配車するだけではなく、個人の車をシェアリング用に供することを可能にしたという意味で、大きな変化なのです。

つまり、サービスの供給者が、これまでの業者から個人になったのです。これこそが、いま起きていることの本質です。したがって、シェアリング・サービスの拡大というよりは、供給者の範囲拡大であり、就業機会の増大であると捉えるべきものです。

このような新しいサービスは、一見したところ、タクシーの運転手にとって敵と考えられるかもしれません。

しかし実際には、運転手に新しい可能性を与えつつあります。アメリカでは、それまでタクシー会社に雇われていた人が、独立してUberに登録するというケースが増えているそうです。それによって所得が増加する場合が多いのです。

同じことは、Airbnbについてもいえます。宿泊施設の共同利用は、ホテルや旅館として古くから行なわれてきました。しかし、その提供者は、業者です。それが個人に変わりつつあるのです。

伝統的シェアリングも新しいシェアリングも、施設や資本の共同利用という意味では同じです。そして、どちらも、社会全体としての生産性を向上させます。新しいシェアリングは、これに加えて、個人の所得獲得機会を広げるのです。

Q クラウドソーシングとは何ですか?

企業が、インターネットを通じてフリーランサーなどの専門家に作業をアウトソース(外注)することを、「クラウドソーシング」といいます。

クラウドソーシング自体はすでに行なわれていて、専門的職業に関して需要者と供給者を結びつけるサービスが、スマートフォン上のアプリとして提供されています。このアプリが、発注者と作業者を仲介するわけです。これは、労働サービスに関するシェアリングと考えることができます。

こうして実現する就業形態は、正規雇用とは違います。自ら望んでこのような自由な勤務形態を選択することが、アメリカで新しい就業形態になりつつあります。

2. シェアリングの普及のために規制緩和が必要

Q 日本ではシェアリングが急成長していると感じませんが、なぜですか?

規制があるためです。規制が新しいサービスの導入を阻んでいるのです。

タクシーについては、道路運送法によって免許制とされています。旅館については旅館業法があり、事業として部屋を貸すには制約があります。

日常生活に密接した業種では、これ以外にも、レストランや理髪店などについて規制が行なわれています。また、運輸、不動産仲介などでも、規制が加えられています。

その状況がスマートフォンの利用によって大きく変わろうとしているのです。

政府も、タクシーや旅館業務に関しては、徐々に規制緩和の方向を探り始めています。

しかし、いまだに様々な制約が加えられており、完全な規制緩和には程遠い状況です。

Q なぜ規制がなされているのですか？

市場の役割は、需要者と供給者を結びつけることですが、その大前提として、提供される財やサービスについての情報を需要者が持っている必要があります。

しかし、現実には、サービスの供給者はサービスの質についての情報を持っているのに対して、需要者は持っていません。例えば、タクシー乗り場でタクシーを待つ利用者は、これから乗るタクシーの運転手が優良運転手か悪質運転手かを知ることができません。これは、「情報の不完全性」あるいは「情報の非対称性」と呼ばれる問題です。

このため、例えばタクシーの場合、何も規制しなければ白タクが増え、安全が確保できないかもしれません。あるいは、法外な料金で暴利をむさぼられるかもしれません。規制によって、そうしたことを防ごうというわけです。

利用者はサービス内容について十分な事前情報を持たないから、サービスの提供者として一定の資格を持つ者だけの営業を認めることによって、サービスの質を保とうとしたのです。

しかし、規制によって本当にサービス水準が維持されていたかといえば、疑問があります。実際には、免許を得た人たちの既得権益を守る手段になってしまっている場合が多いと考えざるを得ません。

ところが、スマートフォンを用いれば、利用者がサービスの質を評価し、それをフィードバックすることができます。したがって、Uber や Airbnb などのサービスの利用が広がれば、規制の必要性がなくなると考えられます。

これまで、消費者保護の観点から様々なサービスの提供に対してなされていた規制を正当化した理由は、情報の不完全性、あるいは情報の非対称性です。その状況が、いま大きく変わろうとしているのです。いま、法律体系の全般的な見直しが要求されています。

消費者保護を名目として行なわれてきた規制は、消費者保護を名目としてうたいながら、実態的には既得権益を保護するためのものになっています。規制緩和はそれらの既得権益を侵食することになるので、極めて難しい課題となります。こうして、規制が新しい技術の導入を阻んでいるのです。

Q 他にも、法律体系の見直しが必要な側面がありますか？

これまでの法規制は、次のような世界を前提としていました。すなわち、サービスを提供するのは企業であり、個人は企業に雇われて従業員となる。また、サービスを利用する主体となる。このような二分法が行なわれていました。そして、社会的な規制は、企業の力が強すぎることから個人を守ることを目的としていたのです。

これまで見てきたことは、この二分法が変化しつつあることを意味します。個人は企業に雇用されずにサービスを提供することができるようになりました。そうした人々をどのように扱ったらよいのかが、いま問われているのです。

Q 規制緩和の状況はどうなっていますか？

アメリカでは、いくつかの州で規制が緩和されつつあります。例えばカリフォルニア州では、個人がタクシー業務を行なうことが認められるようになりました。Uber の時価総額が極めて大きくなったのは、このような変化が生じているからです。

日本でも見直しの必要性が認識されるようになり、民泊については、2017年に民泊新法（住宅宿泊事業法）が成立して、ある一定の制約のもとに実行してよいことになりました。新法が施行されれば、住宅専用地域でも営業ができるようになります。また、宿泊日数制限もありません。

ただし、これが本当の規制緩和なのかどうかには、疑問が残ります。とくに問題は、営業日に対する規制です。「営業日は上限180日」と制限されています。

他方、ライドシェアリングは、日本では抵抗が強くて実現していません。自分の車が空いているときにタクシー業に使うことは、道路運送法違反になります。

2016年5月から京都府京丹後市でNPOが運行管理責任を担うことで、過疎地の交通空白を埋める特例として行なわれています。同市では過疎化と高齢化が進み、2008年にタクシー事業所がなくなっていたため、利用者には好評だといわれます。しかし、他の市町村に拡大しているわけではありません。日本におけるライドシェアリングは、ほとんど進展していないといわざるを得ません。

Q 日本で規制緩和が必要とされるのは、なぜですか？

成長戦略において最も重要な課題は、新しい技術を導入することです。しかし、そのためには、規制緩和をはじめとする社会構造の変化が必要です。それがなければ、技術の真価を利用できません。そのような変革を伴わないかぎり、スマートフォンでいくら新しいサービスが提供されても、それが社会を変えることはできません。

また、日本では空き家の存在が深刻な問題になっており、それを活用することが必要です。他方において、オリンピックなどで一時的に外国からの旅行者が増加し、宿泊施設が不足することが予想されます。こうした状況下でホテルを増設すれば、オリンピック後には過剰設備となって、大きな負担となるでしょう。このため、Airbnb のような柔軟な仕組みが必要です。

3. ブロックチェーンはシェアリング・エコノミーを進化させる

Q シェアリング・エコノミーとブロックチェーンがどう関係するのですか？

現在のシェアリング・エコノミーには、仲介者がいます。部屋の場合はAirbnb、車はUberという仲介サービスを提供している会社があります。

つまり、事業の管理者がいるわけで、技術的に見れば従来のものとあまり違いません。いままで規制されていた分野で規制緩和が行なわれるという意味では大きな変化ですが、技術的な意味ではそれほど大きな変化ではありません。

技術的な観点から見た場合の大きな変化は、仲介者や管理者がいなくなることで生じます。これは、AirbnbやUberのサービスが、ブロックチェーンによって自動的に運営されることで生じます。

民泊の場合、現在は、部屋を貸したい人と、借りたい旅行者がいて、これをAirbnbが仲介します。この仲介の仕事を、ブロックチェーンで代替して、繋ぐことができます。ブロックチェーンを使えば、信頼性を確保しつつ、提供者と需要者がサービスを直接にやり取りできるようになります。遠からず、両社の業務は自動化されるでしょう。サービスを提供する人とサービスを受けたい人が、ブロックチェーンを用いて直接結びつくようになれば、Airbnb や Uber は不要になります。つまり、これらは過渡期の仕組みであり、近い将来に消え去ると考えられます。

Q ブロックチェーンの利用は、実際になされているのですか?

ライドシェアリングに関しては、すでにLa'Zooz がブロックチェーンを用いたサービスの実験を行なっています。La'Zooz は2013年10月にイスラエルで始まったプロジェクトで、2014年に創業しました。

空席がある車を持っている人と、同方向へ移動する人のニーズをマッチングして、空席を提供して輸送の無駄をなくす分散型のサービスです。支払いは、サービスの提供者と利用者の間で、独自の電子通貨 Zooz を使って行なわれます。

Q スマートロックとは何ですか？

不特定多数の人が同じものを共有するシェアリング・エコノミーの世界において、錠（ロック）や鍵（キー）は極めて重要な要素です。

宿泊場所の提供者（ホスト）と宿泊場所を探している旅行者（ゲスト）を繋ぐマッチングサービスの Airbnb は、すでに全世界で多くの人に使われています。ただ、ここで問題になるのが、鍵の受け渡しです。自宅に近い部屋を貸す場合はいいのですが、遠く離れた部屋や別荘を貸す場合には、問題が起きます。

ここで必要になるのが「スマートロック」です。スマートロックとは、借りる人が電子マネーやビットコインでお金を払うとスマートフォンに記録され、そのスマートフォンをドアにかざせば錠が開く仕組みです。ゲストがホストからの入金を確認したら、ホストはゲストのスマートフォンに情報を送り、それによって部屋の鍵が開く。つまり、情報が鍵になるわけです。

スマートロックは、タクシーの場合も重要です。いまのタクシーは運転手がいますから、ドアを開けるのは人間です。しかし、自動運転になると、ドアを開けるためにスマートロックが必要になります。

無人のタクシーが来たら、スマートフォンで錠を開ければ、乗れるようになる。予約したその人でないと乗れないわけです。他の人が勝手に乗ったりすることはできない。このように、カーシェアリングでは、スマートロックは重要な役割を果たします。

「シェアサイクル」（自転車のシェアリング）でも、スマートロックがあれば、簡単に、自分の自転車を貸すことができるようになるでしょう。

Q ブロックチェーンを用いたスマートロックは、実際に開発されているのですか？

スマートロック自体は、従来のインターネットの仕組みでも実現可能です。しかし、錠という性質上、セキュリティは重要な問題であり、どうしてもコストが高くなります。ブロックチェーンを活用することによって、スマートロックのコストを大幅に下げることができます。

ドイツのSlock.it（スロックイット）というスタートアップ企業は、ブロックチェーンで運営するスマートロックを開発しています。この会社の社名は、「スマートロック」が語源のようです。

Slock.it社は、「ロックできるものなら、家、車、洗濯機、自転車など、何でも誰もが簡単に貸したりシェアしたりすることを可能にする。個人や企業は、その資産を容易に収入にかえることができる」といっています。売買、賃貸、共有の差は、曖昧になります。

これは、シェアリング・エコノミーに革命をもたらし、未来社会のインフラになるでしょう。

ブロックチェーンで仕組みを動かしているということは、仮にSlock.itのメンバーが全員死んでしまったとしても、システム自体は動き続けることを意味します。つまり、経営の必要がないのです。それが、ブロックチェーンによって現実になり始めている新しい組織の形である「ＤＡＯ」です。ブロックチェーンによって組織の在り方も変わるのです。ＤＡＯについては、第８章で述べます。

ちなみに、Slock.itは、まだ実際に事業を稼働させているわけではなく、試作品のようなものがある段階です。それでも２０１６年の初めに、Slock.itの仕組みを使うために必要なコインをいまから売り出すというＩＣＯを行ないました。それにより集まった資金は１・６億ドル。仕組みを考えただけで、約１８０億円が集まったのです。

4. 様々なシェアリング

Q ブロックチェーンで運営されるシェアリング事業としては、他にどんなものがありますか?

ブロックチェーンで運営されるシェアリング・エコノミーは、以上で述べたものだけではありません。

同様の試みは、分散電力システムにも応用されています。

日本でも、固定価格買取制度で発電した電力を電力会社に売ることができるようになり、2016年4月の電力小売全面自由化によって消費者が電力会社を選べるようになりました。しかし、電力の売り買いには電力会社が介在しています。

これに対して、TransActive Grid のシステムでは、取引はブロックチェーン上で自動的に処理・検証されています。料金の二重カウントや不正の発生などを防ぐことができますし、運営コストも低く抑えることができます。

TransActive Grid のシステムは、Brooklyn Microgrid として、ニューヨーク市のブルックリン区で実験的に運用されました。

住人が屋根の上に設置したソーラーグリッドで発電してマイクログリッドに電力を供給したり、マイクログリッドから電力を消費しています。ある家庭で電力が生成されると、「エナジークレジット」と呼ばれるトークンが生成され、電力を消費するとトークンが消滅します。

同様の実験が、オーストラリアのパースで行なわれています。

Q シェアリングとフリーランサーの関係はどうですか?

ブロックチェーンは働き方を変えます。フリーランサーとの関係について考えてみましょう。

Uberによって、アメリカのいくつかの州では、白タクが可能になりました。つまり、自分が所有している車をタクシーに使えるようになりました。この場合、運転手はUberに登録して、お客を見つけます。これは、タクシーの運転手をフリーランサーとして行なうということです。

ただし、現在ではUberが20％の手数料を徴収しています。だから、本当のシェアリングといってよいのかどうかに、疑問が残ります。

しかし、これをブロックチェーンを用いて運営すると、手数料がほとんどゼロになります。このため、フリーランサーの可能性が広がります。

すでに述べたように、シェアリングのもう1つの形態は、クラウドソーシングです。これをブロックチェーンで運営しようという動きがあります。2014年に創業されたイギリスのスタートアップのColonyがそれです。

Colonyのユーザーは、自身のスキルを記載したプロフィールを作り、「コロニー」と呼ばれるプロジェクトや企業体を作るか、既存のコロニーに参加することができます。

いまのクラウドソーシングでは、仲介をしてくれるサイトに手数料を払わなければなりませんが、それが非常に安くなります。ですから、フリーランサーの所得が増え、雇用の流動性が高まることが期待されます。

Q シェアリング・エコノミーが発展すると、誰も所得を得られなくなってしまうのではないでしょうか？

それは違います。資本家はいるのです。例えば無人自動車をブロックチェーンで運営するタクシーを考えてください。労働者はいません。自動車は無人で動いています。経営者もいません。ブロックチェーンで代替しています。しかし、自動車は誰かが所有しているのです。シェアリング・エコノミーで物をシェアリングする場合は、必ず物を所有している資本家がいて、利益を得ます。

また、労働者の仕事は、シェアリング・エコノミーによってなくなるとは限りません。多分、いまよりも高い価値を持つ労働があり得ます。労働者が、全体としてこの変化によって損害を受けることにはなりません。労働者の天国になるかもしれません。これについては、第8章の2で述べます。

新しい働き方という観点からの評価も可能です。組織に束縛されることなく、また定年などもなく、所得を得る手段を提供するからです。シェアリング・エコノミーが注目されるのは、働き方を大きく変える可能性を持っているからです。

なお、シェアリング・エコノミーがもたらすいま一つの重要な効果は、所有と賃貸借の差が曖昧になることです。この結果、自動車などの耐久消費財を担保にした消費者金融が容易になります（債務不履行の場合に、簡単に担保を実行できるため）。金融の範囲が広がることは、低所得者には大きな恩恵です。

第7章

IoTとブロックチェーン

1．IoTとは何か？

Q　IoTとは何ですか？

IoTとは、Internet of Things の略であり、モノ（Things）をインターネット（Internet）で繋げることです。つまり、「モノのインターネット」という意味です。そして、モノ同士で情報をやりとりします。

少し前には、「ユビキタス・コンピューティング」とも呼ばれていました。また、「機械対機械」という意味で、「M2M」と呼ばれることもあります。

これまでインターネットに接続していたのは、PC（パソコン）、スマートフォン、タブレットなどの情報機器でした。テレビやデジタルカメラなどのデジタル情報家電をインターネットに接続する流れもありますが、限定的です。

ＩｏＴは、モノにセンサーを付けることによって、その対象範囲をさらに拡大しようとするものです。インターネットに繋がったモノは、「スマート・デバイス」と呼ばれます。ＧＥ（ゼネラル・エレクトリック）社は、すでに、世界中を飛ぶ航空機に積まれているＧＥ製のジェットエンジンの状態を、リアルタイムでモニターしています。また、エアラインや海運業界では、旅客機や船舶の運航監視を行なっています。

電力産業にも波及しており、スマートメーターによる電力使用量の把握、発電設備の遠隔制御、スマートグリッド（次世代送電網）による地域単位でのエネルギー管理などが行なわれています。また、ガス・水道などの社会インフラにおける遠隔監視、業務効率化などもあります。

ＩｏＴを工場管理に導入することによって、工場で稼動している機械から取得するデータが増えるので、製造現場の状況をより的確に把握できるようになります。これにより、生産性を高めることができると期待されています。複数の生産拠点をインターネットで繋ぎ、それらをロボットや人工知能で自動的に最適化するのです。これが、ドイツで「Industry4.0」（第４次産業革命）として推進されているプロジェクトです。

Q　ＩｏＴは、本当に「全て」をインターネットで繋げるのですか？

日本ではしばしば、「ＩｏＴは全てのモノをインターネットで繋げること」と説明されています。

しかし、全てのモノをインターネットで繋げるのは、無意味であるばかりか、極めて危険なことです。

まず第1に、全てのモノをインターネットで繋げたところで、望ましい成果が期待できるわけではありません。例えば、トースターをインターネットに繋げても、それだけでおいしいトーストができるわけではありません。

その反面で、後で述べるように、全てのモノをインターネットに繋げれば、ハッカーが侵入する入口を提供してしまうことになるので、極めて危険です。

全てのモノをインターネットで繋げたいというのは、「そうするためにはセンサーが必要になるので、センサーの生産が増える」という、日本の電子機器メーカーの要請を反映したものではないでしょうか？

Q 全てのモノがインターネットで繋がれば、そこから様々なデータが得られ、それらをビッグデータとして活用できるのではありませんか？

ビッグデータは、極めて些細な大量のデータの集まりです。したがって、何らかの仕組みによって自動的にほぼコストゼロで収集できる場合には有用なものとなりますが、コストをかけて収集しても、それに見合う経済的な利益が得られるかどうかは、疑問です。

Google や Facebook は、検索や Gmail、あるいは Facebook の書き込みなどを通じて、自動的に大量のビッグデータを収集することができます。このため、ビッグデータの活用が可能になるのです。

これまでＩｏＴが活用されてきたのは、ジェットエンジンの制御や電力の配電コントロールなど、ごく一部の付加価値が高い分野に限られてきました。今後ＩｏＴを実施するためのコストが下がれば、適用対象は広がっていくでしょう。しかし、それでも、「全てのモノが繋がる」というような事態にはならないと思われます。

Q IoTは、どのような分野で利用されるのですか？

IoTの具体的な利用分野としては、まず、電気やガス、水道などの重要インフラにおける安全・防災対策、業務効率化、サービス向上、省エネ・省資源、人の見守りなどがあります。とくに、遠隔監視においては、設備の老朽化が進展していることや熟練保守要員が不足していることにより、IoTのニーズが高まっています。

自動車メーカーは、自動車にインターネット接続機能を搭載し、離れた場所から車のモニタリングやサポートを行なえるようにしつつあります。実際に走っている車のデータを集めて、今後の設計やイノベーションに活かすこともできます。これを「テレマティクス」といいます。

テレマティクスは、業務用車両の管理やロジスティクスにも活用できます。例えば、配送トラックを管理して効率的に走行できるようにすることなどです。あるいは、レンタカー会社が車の中で受けられるサービスや情報を提供し、ホテルやディナーの予約を行なえるようにすることもできます。

車の走行情報をリアルタイムで収集し、それに応じて保険料を計算する自動車保険も登場しています。

ホームオートメーションと組み合わせると、外出中に自宅の照明や警報装置を操作したり、電力消費量を確認したり、エンターテインメント機器を制御したりできるようになります。

『平成27年版情報通信白書』によりますと、2013年時点でインターネットに繋がるモノ（IoTデバイス）の数は約158億個であり、2020年までに約530億個まで増大すると予測されています。2050年には1000億を超えるという予測もあります。

Q　IoTが拓く未来は、どのようなものになるでしょうか？

IoTによって、まず、工場の効率的なマネジメントが可能になるでしょう。各製造過程の情報とメンテナンス情報をリアルタイムに把握することによって、製造ラインは最大効率で動き続けることができます。修理が必要な場合には、機械が警告を出します。部品の在庫を管理し、販売状況との関連で生産をコントロールします。

また、ビルの各部屋の状況を監視するでしょう。光や空調などを自動でコントロールし、電力コストを削減し、オフィスのデータを収集します。

もう1つの重要な応用対象は、インフラストラクチャーの管理と修理です。これまでは「壊れてから修理する」という方式でした。しかし、これでは、損失が大きくなります。そこで、「壊れる前」に部品を交換する予防保全に転換する必要があります。センサーが状況を監視し、修理が必要になれば信号を出す。そして自律運転車がそこに出向いて修理をする。簡単なものなら、ロボットが行なうでしょう。例えば、人が住んでいない地域にある水道管が「水漏れが発生。修理が必要」と発信すると、自動運転の修理車が現地に向かって修理し、費用を計算して水道管理機関に請求する、などということも考えられます。

医療分野では早い段階から採用され、生体情報モニターのような医療機器や、在宅医療、遠隔医療などに採り入れられています。センサーをつけた薬を利用して、そこから得られるデータを分析することで、薬の摂取状況や体の状態を知ることができる「生体情報の収集・分析・管理システム」の取り組みも行なわれています。

ブロックチェーンを使えば、沢山のスマートメディア間で、プライバシーを守りながら連絡することが可能になります。体にセンサーを付けて、体温や心拍数、血圧などの情報をネットワークに送るのです。患者のモニタリングはリアルタイムに行なうことが可能になり、医者の無駄な往診のコストが減るでしょう。

自動車の自動運転は２０２０年頃には実用になりそうですが、そうなると、車が自動で走り、客を乗せて運賃を受け取り、給油をしてガソリンスタンドへの支払いも行なう、といったことになるでしょう。それら全ては、ブロックチェーンに記録されます。

Uber のような配車サービスで車を呼ぶと、ＡＩ（人工知能）が運転する自律走行車が来るようなサービスが登場するでしょう。ユーザーは、「一定の料金を払えば一定時間動作する」とプログラムされた鍵を用い、自動車を解錠して車を利用します。この鍵の運用、そして、料金交渉や契約、料金支払いや事故の際の保険求償まで自動的に行なうサービスが、将来は可能になるでしょう。

他にもあります。現在、自動車から道路利用料を取れないのは、技術的に難しいからです。しかし、道路に埋め込んだセンサーと自動車との連絡ができるようになれば、ごく少額の利用料を取ることができるようになります。これによって渋滞のコントロールができるようになるでしょう。

2. IoTの展開にあたっての課題

Q IoTが普及すると、セキュリティの面で問題が生じないでしょうか？

IoTが普及するためには、いくつかの課題があります。第1は、セキュリティです。インターネットはハッカーの攻撃に対して脆弱な通信システムです。したがって、IoTで様々なモノが繋がると、セキュリティホールが多くなり、モノがサイバー攻撃の踏み台にされるおそれがあります。管理者が全ての接続点を厳重に管理しようとすれば、処理速度の面で困難が発生するし、高コストにもなります。

この問題は、IoTが普及するに従って、ますます悪化していきます。これまで目立つことのなかった対象が、ハッカーにとって格好の攻撃対象となるからです。

制御システムがサイバー攻撃されると、大規模停電、断水、工場の生産停止といった大事故が発生する危険があります。自動車や医療機器などがハッキングされるリスクもあります。また、ロボットや無人機が犯罪やテロに使われる危険もあります。ビル管理システム、交通情報システムなども狙われています。サーバーそのものを攻撃しなくても、空調を攻撃して、サーバーを止めるということもあります。

IoTの製品が通信を介して不正なデータを受け取り、それによって機能に支障が発生しても、その製品を利用しているエンドユーザー側では問題を自ら解消することはできず、メーカー側が対応してくれるまで待つしかありません。こうした不具合が個別の製品で単独に起きるだけでなく、遠隔地から一斉にデータが配信されることによって、全国的、同時多発的に不具合が発生することもあり得ます。

Q サイバー攻撃によってどのような被害が発生しているのでしょうか？

例えば、アメリカでは、産業インフラなどの監視・制御システムにサイバー攻撃が仕掛けられ、水道水処理施設のポンプに障害が起きる事件が発生しました。閉じておくべきバルブを開けられたことで、近くのホテルに下水が流れ込むという被害が出ました。

2010年には、「スタックスネット」というマルウェア（人工知能的ウイルス）がイランの原子炉を故障させ、核開発計画を遅らせるという事件がおきました。

原子炉はインターネットからは厳重に隔離されていたのですが、スパイがUSB端子にマルウエアを仕込み、それを研究所内のコンピュータに差し込むことによって感染させたといわれています。このマルウェアの活動により、核燃料施設のウラン濃縮用遠心分離機が急激な停止と始動を繰り返させられ、破壊されたのです。

この事件の真相はいまだにはっきりしていませんが、アメリカとイスラエルの情報機関が計画したのではないかといわれています。「コンピュータ・ウイルスによってハードウエアが破壊されることがあり得る、しかも、原子炉という非常に重要な装置が破壊されることがあり得る」ということで、全世界に大きな衝撃を与えました。

Q セキュリティ以外にも問題がありますか？

ソフトウェアの進化の問題があります。

ソフトウェアの進化は、モノの進化よりも速いのが普通です。PCでいえば、PCが物理的に壊れる前に、ソフトウェアが古くなり、使い物にならなくなります。

この問題は、これまでもありました。ただ、メインフレーム（大型コンピュータ）の費用には、支援コストも含まれていました。PCやスマートフォンでは、支援はありませんが、メーカー側は新しいPCを買うことを促します。そして、消費者はそれに従って買い換えてきました。

ところが、もっと高価な機械であれば、簡単に買い換えることはできません。「自動車のソフトウェアが更新されたので、自動車を買い換えてください」とはいえないのです。それにもかかわらず、IoTでは、この問題に対する解決策が考えられていません。

するとメーカー側は、Windows95のPCをいつまでもアップデートし続けなければならないように、古いソフトウェアの入った車をメンテナンスし続けなければならなくなるでしょう。これには莫大なコストがかかります。仮に何十年もサポートしなければならないことになれば、IoTは利益が上がらないビジネスになってしまうでしょう。

3．ブロックチェーンが問題を解決する

Q　ブロックチェーンは、ＩｏＴでどのような役割を果たすのですか？

現在考えられているＩｏＴシステムの多くは、情報処理を集中的なシステムで行なおうとしています。

この方式では、機械が集める様々な情報を中央のデータセンターに送り、あらかじめ決めたルールに従って決定を行ない、修理エンジニアや他のデバイスなどに指令を発します。これは、かつてソ連などの社会主義国家が、計画経済を国家的規模で実現しようとしたのと基本的に同じ方式のものです。

しかし、この方式にはいくつかの欠陥があります。まず、システムを運営するためのコストが高くなりすぎて、経済的に採算が合わなくなってしまう可能性があります。機械と

機械の情報のやり取りは極めて高頻度になりうるため、低コスト化の実現は、どうしても必要です。

また、中央集権的なクライアント・サーバー型のシステムでは、トラフィック数が膨大になると、サーバーに負荷が集中してボトルネックが発生しやすくなります。しかも、IoTに接続される機械が多くなると攻撃にさらされやすくなるため、これに対する防御策を講じる必要があります。

こうした問題を解決するために、ブロックチェーンを用いてシステムを運用することが提案されています。

第4章の1で述べたように、ブロックチェーンは集中型情報処理システムに比べて、様々な面で優れています。まず、複数のコンピュータが同一の記録を保持するため、どれか1つがダウンしても全体がダウンすることがありません。また、プルーフ・オブ・ワークの仕組みによって、情報の改ざんができないようになっています。このため、攻撃に強いという特性を持っています。

さらに、ブロックチェーンは、集中型情報処理システムに比べて低いコストで運用することができます。IoTの普及には、ブロックチェーン技術の応用が不可欠です。

Q 日本企業のＩｏＴへの取り組みで、問題はないでしょうか？

日本企業の大きな問題点は、モノづくりへのこだわりが強すぎることです。日本は、精密な部品を作ってモーターを組み立てるといった純粋なモノづくりの分野で世界をリードしてきました。

自律運転の自動車（自ら判断して運転する自動車）に関しても、本来はソフトウェアが重要であるにもかかわらず、ハードウェアの側面に関心を持ちます。

しかし、モノとソフトウェアを組み合わせるシステム製品の時代になると、状況が変わります。現在すでに、モノづくりの利益の割合は、ソフトウェアのわずか10分の1程度でしかないといわれます。今後さらにＩｏＴが進展すると、この比率は１００分の１になってしまうかもしれません。それにもかかわらず、日本の企業は、ハードウェアを重視する姿勢から脱却できていません。

すでに述べたように、日本では、ＩｏＴは単に「センサーの需要を増やすもの」としか捉えられていない傾向が見られます。つまり、「全体の効率を上げるためのシステム」とは捉えられていないのです。

Q 日本では、なぜ開発が進まないのでしょうか？

これには、高等教育における人材の育成体制の問題が深く関わっています。新しい技術は、従来の硬直化した大学の学問体系では対処できないにもかかわらず、日本の大学の工学部はハードウェアに偏っているのです。そして、それをなかなか変革できません。

また、日本企業の閉鎖性も問題です。このため、オープンイノベーションに対応できないのです。

「オープンイノベーション」とは、企業内部のアイデアだけでなく、他社や大学、公共主体などの外部のアイデアを組み合わせて、新しいビジネスモデルや製品、サービスの開発を行なおうとする方法です。

ところが、日本の企業は、シャープ亀山工場に典型的に見られたように、垂直統合型の巨大工場を作り、技術の流出を防ごうとしました。この例に限らず、技術の漏出に極めて神経質で、オープンイノベーションという発想がなかなか出てきません。

また、閉鎖性のために、ベンチャー企業が育たず、他方、大企業では組織が硬直化し、従来型の技術開発路線から転換できないという問題が指摘されます。

Q 量子コンピュータが実用化された場合、IoTのセキュリティに問題は生じないでしょうか？

量子コンピュータが実用化されると、現在のインターネットのセキュリティに大きな問題が発生する危険があります（第8章の5参照）。ブロックチェーンも、その影響を免れえません。

IoTのために開発されたIOTA（アイオータ）と呼ばれる新しい仕組みのチェーンが2016年7月にスタートし、注目されています。これは、ブロックチェーンの代わりにTangleという仕組みを使うものです。

　ＩＯＴＡでは、ブロックはなく、個々の取引が繋がります。そして、「ある取引は、前の2つの取引を承認しなければならない」というルールが定められています。このように、利用者1人1人が取引の承認者になるため、ビットコインのように取引を承認するマイナーに報酬を支払う必要がなく、取引手数料が無料になっています。

　Tangleの仕組みは、量子コンピュータの攻撃にも耐えうるとされています。また、ＩＯＴＡでは、量子コンピュータ耐性がある電子署名が用いられています。

　なお、図表1－3に示したように、ＩＯＴＡの時価総額は、２０１７年11月上旬の時点では約15億ドルであり、仮想通貨全体の中で第10位になっています。

第8章

分散自律型組織DAOが作る未来社会

1. DAOとは何か?

Q DAOとは何ですか?

ブロックチェーンを活用する事業は、経営者がいない事業です。これが、新しい組織の形である「DAO」です。これは、「分散自律型組織」(Decentralized Autonomous Organization)の略です。

これまでの組織においては、中央に経営者や管理者がおり、彼らが様々な判断をすることによって、組織を運営しています。これに対して、DAOは管理者を持ちません。多数のコンピュータが形成するネットワーク(P2P)が、プロトコルに定められたルールに従って判断し、決定をし、実行するからです。

これは、「経営にブロックチェーンを活用する」ということではありません。ブロックチェーンを活用することによって、そもそも「経営の必要がない」「経営者がいなくてもよい」組織が生まれるということです。

DAOによって動く事業では、技術開発やメンテナンスをする人はいても、仕組み自体を管理する人はいません。したがって、一度出来上がった事業の仕組みは、仮に当初のメンバーが全員亡くなってしまっても、動き続けます。

これが未来の企業の形になると考えられているのです。

Q DAOは、すでに存在するのですか？

ビットコインは、DAOの例です。ビットコインがこれまでの通貨や電子マネーと違うのは、管理者や経営者がおらず、自動的に事業を実行していることです。

この他に、第5章から第7章で紹介したようなブロックチェーン応用事業があります。

第6章の3で紹介したSlock.itがその例です。このスマートロックはブロックチェーンによって運営されますから、誰かが管理したり経営したりする必要はありません。

予測市場のAugurも、DAOの一種です。予測結果を知らせるなどの仕事を行なう人員は存在しますが、管理者としての胴元は存在しません。

現実にはまだ存在しませんが、他にもいろいろな可能性が考えられます。例えば、出版業をDAOで運営していくこともできるでしょう。ブロックチェーンで著者を選んで発注し、その原稿を一定のルールに基づいて評価し、公表できると判断されれば、原稿をウエブに掲載します。原稿料の支払いなども、全て自動的に処理されます。こうなると、編集者も出版社も要らなくなります。

Q ブロックチェーンを活用する組織における問題は、何でしょうか?

最も基本的な問題は、「ブロックチェーンによって運営される事業体で、基本的な意思決定をどうするのか」ということです。

これこそが、ビットコインが2017年の7月、11月に直面した問題に他なりません。ビットコインは、時代に先駆けて、事業の基本的な方針決定をどのように行なうかという問題に直面したのです。「管理者、経営者がいない事業体が、基本的な事業決定をうまく行なうことができるかどうか」という問題です。

同じような問題が、今後ブロックチェーンを用いて行なわれる事業で発生するでしょう。その意味で、ビットコインで起きたことは、非常に重要なのです。

2．DAOは働き方をどう変えるか？

Q 「人間の仕事がロボットに奪われる」という話がメディアを賑わせています。こうした話とDAOとはどのような関係にあるのでしょうか？

組織の自動化としては、図表8－1に示すように、2つのパターンが考えられます。第1は、AI（人工知能）によるロボット化で、現在労働者が行なっている仕事を自動化します。第2は、ブロックチェーンの利用で、現在管理者や経営者が行なっている仕事を自動化します。

この結果組織がどうなるかは、図表8－2のように、労働者がいる／いない、経営者がいる／いない、という2つの軸で、4種類の形態に分類すると分かりやすいでしょう。

従来の会社組織は、左上①の象限です。ここには、経営者もいるし、労働者もいます。

図表8－1　組織自動化の２つのパターン

(1) ロボット化

労働者の仕事の自動化

工場のオートメーション化

銀行窓口をATMに

(2) ブロックチェーンの利用

管理者の仕事の自動化

ルーチンワークをブロックチェーンで自動化

DAO (Decentralized Autonomous Organization)

図表8－2　組織の４形態

	労働者がいる	労働者がいない
経営者がいる	① 伝統的な株式会社	② ロボットを使う会社
経営者がいない	③ DAO	④ AIとブロックチェーンによる完全自動会社

多くの人が「自動化」や「機械化」と聞いてイメージするのは、経営者が存在しても労働者は存在しない右上②の組織です。これは、機械やコンピュータが労働者を代替する組織です。例えば、フルオートメーションの工場で機械が自動的に製品を作る企業は、それに当たります。銀行のATMコーナーは、窓口の行員がATMというロボットに代わったものですから、やはり②型の事業体です。

しかし、自動化は、それだけではありません。コンピュータのプログラムが管理者に代わって事業を運営することもあります。ビットコインは、これに成功しました。労働者であるマイナーはいるのですが、経営者・管理者はいません。これは、図の左下にある③型の事業体です。管理者がいない事業体が実際に動くことを、ビットコインは実証したのです。これは非常に大きな革新です。

DAOとは、③型の事業体を総称したものです。ここには、人間にしかできない仕事をする労働者はいます。しかし、組織を運営する経営者は、ブロックチェーンに取って代わられているのです。

また、「経営者も労働者もいない会社」が、将来現われる可能性が十分にあります。ブロックチェーンとAIによって完全に自動化された会社です。これは、図の右下の④の象限に当たります。

まだ現実には存在しませんが、フィクションではすでに描かれています。例えば、映画『ターミネーター』シリーズに登場する「スカイネット」です。スカイネットはコンピュータであり、ロボットの兵士たちを作り、使役して人類を殲滅しようとします。こうした組織では、経営者も労働者も自動化されているわけです。

Q AIやブロックチェーンが普及すると、人間の仕事はなくなってしまうのではありませんか？

AIとブロックチェーンが人々の働き方を大きく変えることは、間違いありません。ブロックチェーンはAIとは別のことですが、どちらも非常に強力なディスラプター（破壊的革新者）になる可能性は、否定できません。

例えば金融機関においては、単に情報を右から左に伝えるだけの役割しかしていない人は、早晩、AIとブロックチェーンに置き換えられるでしょう。ほとんどの銀行員が要らなくなってしまうという事態も、あり得ないことではありません。

他の産業でも、「仲介」の役割を果たしていた人々が、代替されていくでしょう。

例えば、シェアリング・エコノミーで誰かに宿泊先を提供する場合、いまの仕組みでは、「鍵を渡す人」が必要でした。しかし、ブロックチェーンで運営されるスマートロックが使われるようになれば、そうしたサービスは不要になります。モノを右から左に動かすだけ、あるいは情報を伝えるだけといった仕事は、将来の組織においては、コンピュータに置き換えられるでしょう。

情報技術の進歩によって、人間の職が奪われる懸念は、否定できません。

しかし、それはコンピュータと人間の戦いではありません。人間の仕事が全て奪われるわけではありません。

人間がコンピュータをうまく使うことによって、人間でなければできないような仕事に特化していくことが可能です。働き方改革の究極の姿は、そのような世界を実現することです。

DAOにおいては、人間にしかできない仕事が労働者の仕事の中心になるでしょう。創造的な仕事はその一例ですが、それだけではありません。人間らしい仕事に専念して、働く喜びを実感できるような働き方が可能になるはずです。

Q AIやブロックチェーンが普及しても残る「人間らしい仕事」とは、具体的にどのようなものでしょうか？

どのような仕事が生き残るかは、非常に重要な問題です。

例えば、第6章の4で述べたColonyのようにブロックチェーンを用いたクラウドソーシングが広く使われるようになれば、人々はより柔軟に、高い自由度で働くことができるようになるでしょう。

個人の独創性が否定され、協調性だけが望まれるような組織や、たまたま上司になった人の覚えが悪いために不幸な人生を送る羽目になるような組織しかない世界からは、脱却できる可能性が開けます。

それだけではありません、例えば、小さなレストランを経営するオーナー兼シェフがいたとします。この人は料理が好きでこの仕事を選んだのですが、実際には料理以外の仕事が山ほどあります。

食材を仕入れ、広告などで集客し、接客、精算をする。さらに、水道光熱費などの支払い、会計と帳簿付け、税務署への申告等々の仕事です。オーナーはこれら全てを自分でやるしかありませんでした。

しかし、こうした周辺業務のうち、ルーチン業務はＤＡＯが代行してくれるようになります。食材を仕入れる際の値段の交渉などもやってくれるでしょう。

しかし、ＤＡＯは料理を作ったり、新しいメニューを開発したりすることはできません。ＡＩなら可能かもしれませんが、「コンピュータが作った料理は食べたくない」という客は多いでしょう。そうであれば、シェフは、料理を作るという本当にやりたい仕事だけに専念できるようになるのです。

ＡＩやブロックチェーンがあるからこそ、人間はより人間らしい仕事ができるということです。コンピュータが得意な仕事はＡＩやブロックチェーンに任せ、人間は人間にしかできない仕事をする。そのような世界が実現することが期待されます。

人間の仕事が「残る」というだけではありません。「人間の仕事の価値が高まる」可能性があるのです。ＡＩやブロックチェーンによって、いままでの人間の仕事の多くが代替されますが、全てではありません。そして、ある種の仕事は価値が上がるのです。独創性が問われる手仕事はその例です。それ以外にもあります、介護サービスであれば、高齢者の話し相手になるような仕事もそれに当たるでしょう。

1849年にカリフォルニアに金（ゴールド）が発見され、それを求めて世界中から人々が殺到しました。この時起こったことは、多くを教えてくれます。

本当に豊かになったのは、マイナー（金の採掘者）ではなく、ジーンズなど、マイナーが必要とするものを提供したリーバイ・ストラウスだったのです。あるいは、大陸横断の馬車便を提供した、ウェルズ・ファーゴ（現在はカリフォルニアを拠点とする銀行）でした。

これから登場するDAOの時代において、誰がストラウスやウェルズ・ファーゴになるかが問われています。

3. DAOは社会をどう変えるか?

Q ブロックチェーンは、社会の構造を変えるのでしょうか?

ブロックチェーン技術は、社会の仕組みを質的に大きく変えることになるでしょう。現在の状況は、１９９０年代にインターネットが使われるようになったときと、よく似ています。

ブロックチェーンが作る未来社会はどのようなものか、まだ完全な姿は分かりません。主導権を握るのがベンチャー企業か、大企業か、あるいは国なのかによっても、未来社会の姿は大きく異なるものになるでしょう。

Q 「インターネットが社会をフラット化する」ということが暫く前にいわれました。実際にそうなったのでしょうか？

「インターネットの出現によって世界はフラット化するだろう」といわれました。大型コンピュータという高価な装置がPC（パソコン）という安価なものに変わり、さらに、インターネットという安価な通信手段が利用できるようになったことで、小企業や個人がそれまでの大企業の優勢を崩し、大きな組織を飲み込むだろうといわれたのです。

「指令し管理する」というコマンド・アンド・コントロールの時代は終わり、協調して仕事を進められるようになる。組織の中で、下位の者が大きな仕事ができるようになる。こうして、組織巨大化の方向は逆転するだろうといわれました。

マイクロソフトが巨大化していくとき、小企業の特徴を残していたアップル・コンピュータ（現Apple）に拍手を送る人が多かったのです。

しかし、AppleはiPhoneという革新的なデバイスを発明し、企業価値が世界最大の企業になってしまいました。また、街の小さな書店が、巨大なウエブサイトであるAmazon

によって淘汰されるような事態も生じました。Google や Facebook など新しく誕生した企業の時価総額も巨大になりました。

こうして、経済をリードする主役企業は変わりました。しかし、世界をフラット化すると期待されたその主役が、成長し、大企業となり、市場を支配するようになったのです。結局のところ、大企業の優勢は続いており、企業間の格差は消滅しなかったのです。

零細企業は、ＩＴの恩恵を十分に受けられず、莫大な収入を得ることもできません。そして、依然として経理などのルーチンワークをこなさなければなりません。

それだけでなく、組織内の階層構造も健在です。フリーランサー的な仕事が増えたのは事実ですし、クラウドソーシングによって専門家が自由に働ける機会も増えてはいます。しかし、全体から見れば、まだ限界的です。

それでも、アメリカでは、新しいスタートアップ企業が登場しています。しかし、日本では、古くからある産業分野における大企業が依然として大きな力を持っており、スタートアップ企業が成長する環境が、残念なことに整っていません。

Q なぜ大組織と小組織や個人の差が解消しないのでしょうか？　組織の中の階層構造は、なぜ消滅しないのでしょうか？

その理由として、次のようなことが考えられます。

第1に、大組織は事業を大規模に展開できるので、コストを引き下げられます。また、店舗の場合、大企業であれば資金力があるから、豊富な品ぞろえができます。Amazonは大量の在庫を抱えることができるので、零細書店よりも明らかに有利です。

こうした要素は重要なものです。しかし、世界がフラット化しなかった最も本質的な理由は、これまでのインターネットに、何か重要なものが欠けていたことです。

それこそが、第4章の2で述べたことです。つまり、インターネットの世界では経済的な価値を簡単に送ることができなかったのです。このため、送金コストの点で、大規模事業が圧倒的に有利になったのです。

それに加え、インターネットの世界では、真正性の証明ができません。このため、小企業や零細企業は信頼性を獲得できず、大組織だけが信頼を獲得できたのです。

Q ブロックチェーンは、これまでの状態を変えるでしょうか?

これまでのインターネットに欠けていたものを、我々はいまブロックチェーンによって手に入れようとしています。

ブロックチェーンの世界においては、人や組織を信頼する必要がありません。改ざんできないデータがブロックチェーンに埋め込まれているからです。そして、数千台のコンピュータ(ノード)が働いてそれを維持しているからです。これこそが信じるに値するものです。これが、第4章で述べたブロックチェーンの重要な機能です。

相手が大企業だから信頼できるのではなく、ブロックチェーンの仕組みで真正性が保証されているから信頼できるのです。こうした世界では、零細企業も個人も、大企業と同じように資金調達や事業を展開することができます。組織の大きさに起因する不公平は消滅します。政府や大組織の決めたルールにただひたすら従うしかなかった世界からの脱却が可能となったのです。

今後、様々な新しいアイデアが実現されていくでしょう。これによって、社会の様々な主体が、第三者を介せず、直接に取引を行なうことが可能になるでしょう。

ＩＴ革命は、ブロックチェーンによって完成されることになります。

4. DAOとこれまでの社会の衝突

Q ブロックチェーンには、従来の社会の仕組みと合わないところがあるのでしょうか?

ブロックチェーンを用いる事業の展開に対して、現在、大きな障壁として立ちはだかっているのは、古くからある法的プロセスです。

これまで見たように、技術的には、人手をほとんど介さない組織が可能になります。しかし、このような対象に、現在の法体系が対応できるのでしょうか?

事業に管理者がいないことは、従来の法体系が想定していない事態です。もし問題が起きた場合、誰を訴えればよいのでしょうか?

さらに、次のような問題があります。それは、社会を改革し、改善すると評価されるD

AOであっても、現行法制上では必ずしも合法的なものとはみなされていないことです。

Q これまでの法体系との衝突とは、ビットコインの場合でいうと、どんな問題ですか？

ビットコインのシステムで仮に問題が起きた場合（例えば、ある人が保有しているビットコインがある日突然消失した場合）、訴えられるべきは、ビットコインのプロトコルを書いた人か？　それともマイニング作業をやっているコンピュータか？　それとも、ビットコインを購入した取引所か？　どれも適切でないように思われます。

しかも、これらの人々は全世界に散らばっているので、捕えようもありません。

では、「このように責任主体がはっきりしない事業は禁止されるべきだ」と判断された場合、一体どのようにして禁止すればよいのでしょう？

責任主体が存在しないので、インターネットの使用を全面的に禁止しないかぎり、事業の閉鎖は不可能です。

Q 自動運転の自動車の場合でいうと、どんな問題ですか？

自動運転の自動車については、類似の問題がすでに議論されています。自動運転車が事故を起こした場合、訴えるべき相手は誰か？　その自動車を設計した人か？　製造した人か？　それとも乗客か？　という問題です。

これは確かに難しい問題ですが、自動運転車の場合には、その自動車を管理している人がいるはずです。そして、その人は、責任を免れないでしょう。

問題は、自動運転車のレンタカーがＤＡＯで運営される場合です。ＩＣＯを行なって資金を調達し、自動車を購入して、運営するとしましょう。この場合、管理主体は存在しません。では、事故に対して責任を持つべきは誰か？　これは非常に難しい問題です。

Q シェアリングの場合でいうと、どんな問題ですか？

シェアリング・エコノミーの場合には、「供給者と消費者の区別ができなくなった」という問題が指摘されます。

普通の人々（それまでは消費者とみなされていた人々）が供給者になったので、それまでの法体系との間で齟齬が起きるのです。

そうではあっても、事業主体は存在しているので、（必要であれば、これまでの法律体系を改正して）対応できないわけではありません。

しかし、右に述べたように、自動運転車がＤＡＯで運営される場合にはどうなるのでしょう？　この場合には、運転手はいないし、運営企業も存在しないのです。現在の法体系は、ＤＡＯの存在を想定していないので、この問題には対処できません。

従来の社会の基本的な仕組みは、事業は人間が運営するという大前提に立っています。しかし、ＤＡＯはその前提を覆してしまうのです。

Q 他にどのような問題がありますか?

ＤＡＯがハッカー攻撃にあった場合に、ハッカーを犯罪者として処罰できるのでしょうか? 出資者に実害が発生した場合に、誰に対して、どのような責任を追及できるのでしょうか?

OpenBazaarは、また別の問題を提起します。ここでは、麻薬や銃など、違法な商品を入手できるからです。しかし、閉鎖すべきだと判断されても、どのようにして閉鎖すればよいのでしょうか? 商品購入者だけが罰せられるのでしょうか?

ＩＣＯについても問題があります。現時点では、ＩＣＯの合法性には結論が出ていません。トークンは有価証券だとみなされる可能性があります。すると、ＩＣＯは未公開の株式を配っているのと同じとみなされ、違法と判断される可能性もあります。

課税の問題もあります。ＤＡＯの税法上の位置づけは、はっきりしません。ＤＡＯで行なわれている事業は、所得税や法人税などは払わなくてよいのか? マイナーを従業員であると考えれば、彼らの社会保障負担はどうするのか? 等々の問題があります。

5．量子コンピュータは、ブロックチェーンを破壊するか？

Q 量子コンピュータとは何ですか？

「量子コンピュータ」とは、量子力学の原理を用いて、計算速度を現在のコンピュータよりも飛躍的に向上させるコンピュータです。これには、デジタル型のもの（「量子デジタルコンピュータ」、または「量子ゲート方式」）とアナログ型のもの（「量子アナログコンピュータ」、または「量子イジングマシン方式」、または「量子アニーリング方式」）があります。

前者は、現在のデジタル型の延長線上にあるものです。後者は、コンピュータの中に物理的なモデルを作って問題と同じ状況を再現し、シミュレーションを行なうもので、すでに実用段階になっています。

仮想通貨やブロックチェーンに関連するのは、デジタル型のものです。ただし、現在ではまだごく小規模のものしか開発されておらず、実用には至っていません。

また、デジタル型のものもアナログ型のものも、現在のコンピュータが処理できる全ての問題を扱えるわけではありません。現在のところ、それらが有効なのは、ごく特殊な問題に限られています。

Q 量子コンピュータが実用化すると、ブロックチェーンに問題が起こらないでしょうか?

デジタル型の量子コンピュータが実用化すると、現在用いられている公開鍵暗号は、破られる可能性があります。そうなると、現在の電子署名は有効でなくなります。また、ブロックチェーンのプルーフ・オブ・ワークの仕組みが有効でなくなる可能性があります。そうなれば、現在のコンピュータ・セキュリティが崩壊する危険があります。それは、様々な面で極めて大きな影響を及ぼすでしょう。

しかし、他方で、量子コンピュータが実用化しても破ることができない暗号が開発されています。例えば、「格子鍵暗号」や「量子鍵配送」といった方法があります。後者は、すでに実用化されています。

また、量子コンピュータ耐性がある電子署名も開発されています。例えば、「ランポート署名」といった仕組みがあります。

さらに、ブロックチェーンを進化させた仕組みが開発されつつあります。第7章で紹介したIOTAは、ブロックチェーンの代わりにTangleという仕組みを用いていますが、これは、量子コンピュータの攻撃にも耐えうるとされています（この仕組みでは、量子コンピュータを用いることのメリットが、あまりないと考えられるため）。

ただし、量子コンピュータも、それに耐性のある暗号、電子署名、Tangleなども、いずれもまだ本格運用とはいえず、実験の初期段階です。

6. ブロックチェーンについてさらに学ぶには

Q ビジネスマンとして、今後予想される大きな変化に柔軟に対応していくために何が必要でしょうか？

社会が大きな転換点にあることを意識すること、そして、ＡＩやＤＡＯに排除されないような、人間にしかできない価値のある仕事を探すことです。

例えば、いま私がやっている文章を書く仕事も、すでに、ある一定の条件でＡＩが書く取り組みが試行されています。それでも、人間でなければできない仕事は、残ると考えています。自分にしかできない価値をいかに生み出すかが、これからますます問われてくるでしょう。

Q ブロックチェーンを本格的に勉強するには、どんな書籍を読めばよいでしょうか？

ドン・タプスコット、アレックス・タプスコット『ブロックチェーン・レボリューション―ビットコインを支える技術はどのようにビジネスと経済、そして世界を変えるのか』（ダイヤモンド社、2016年）は、ブロックチェーンについて、幅広く解説しています。

日本語で読める解説書としては、この他に、次のものがあります。

野口悠紀雄『ブロックチェーン革命』（日本経済新聞出版社、2017年、大川出版賞）。

馬渕邦美監修『ブロックチェーンの衝撃』（日経BP社、2016年）。

アンドレアス・M・アントノプロス『ビットコインとブロックチェーン』（NTT出版、2016年）。

赤羽喜治、愛敬真生編集『ブロックチェーン　仕組みと理論』（リックテレコム、2016年）。

Q ブロックチェーンや仮想通貨についてのレポートとしては、どのようなものがありますか？

経済産業省のレポート

経済産業省は、「ブロックチェーン技術を利用したサービスに関する国内外動向調査」を2016年4月に発表しました。

その中で、ブロックチェーンは、「ＩｏＴを含む非常に幅広い分野への応用が期待されている」、「あらゆる産業分野における次世代プラットフォームとなる可能性をもつ」としています。また、ブロックチェーン関連の潜在的な国内市場規模（ブロックチェーン技術が影響を及ぼす可能性のある市場規模）は、67兆円になるとしています。

具体的には、次のような応用があるとしています。

(1)価値の流通・ポイント化プラットフォームのインフラ化。
(2)権利証明行為の非中央集権化の実現：土地の登記や特許など。
(3)高効率シェアリングの実現：入場券、客室、レンタカー、レンタルビデオなどの利用権限管理に、劇的な効率化がもたらされる。生産者・サービス提供者と消費者の境界がなくなる。

(4)オープン・高効率・高信頼なサプライチェーンの実現：小売店、卸、製造で分断されている在庫情報や、川下に集中していた商流情報が共有されることで、サプライチェーン全体が効率化する。

(5)プロセス・取引の全自動化・効率化の実現：バックオフィス業務（契約や取引の執行、支払・決済、稟議などの意思決定フローなど）の大半を置き換える。

日本銀行のレポート

日本銀行は、2016年11月の『日銀レビュー』で、仮想通貨に関するレポート「中央銀行発行デジタル通貨について―海外における議論と実証実験―」を発表しています。

世界経済フォーラム（WEF）のレポート

スイスのジュネーブに本部を置く非営利財団、世界経済フォーラム（WEF）は、2016年8月、世界に大きな影響を及ぼす可能性が高い10大新興技術を発表しました。そこでブロックチェーンが取り上げられています。
同フォーラムは、これとは別の16年8月の報告書で、「ブロックチェーン技術は次世代の金融サービスの鍵となるだろう」としています。

PwCのブロックチェーンに関するレポート

世界的なコンサルティング企業であるＰｗＣ（プライス・ウォーターハウス・クーパース）は、２０１６年9月にブロックチェーンに関するレポートを発表しました（ＰｗＣ『ブロックチェーンとスマートコントラクトオートメーション：スマートコントラクトがデジタルビジネスをどう自動化するのか？』）。この中で、次のように指摘しています。

・２０２０年代までに、ブロックチェーンを用いたシステムが多くの主要企業で採用され、単純な取引では、確認や検証に伴う様々なカテゴリーの障壁や不便さが、低減あるいは解消する。
・デジタルに表現することができる資産や価値であれば、誰でもその資産や価値を誰とでも交換することができるようになる。
・金融機関が、独自のプライベートブロックチェーンの展開を開始している。他の企業もこれに追随する。とりわけブロックチェーンを用いたスマートコントラクトの価値と力が明らかになるにつれ、その傾向は加速する。

・IoTの発展にとっても、不可欠となる。

・ブロックチェーンを導入するか否かで、効率性が桁違いに変わってくる。したがって、企業は競争力を維持しながら取引を行なう基盤として、ブロックチェーン・テクノロジーが提供する共有台帳を使用せざるを得なくなる。2020年代に入れば、スマート取引によって、現在、従来的取引に要している時間のほんの何分の1かで取引を清算できてしまう。

・こうした取り組みを大規模に実用化するに際しては、法的プロセスやビジネスプロセスの変革が求められる。デジタル資産の移動の場合は、当初は小規模で局地的な取り組みとして開始される可能性が高く、短期的かつ局地的に成功する事例も沢山出てくる。しかし、真に自律的な分散型「モノのインターネット」が「取引のインターネット」とソフトウェア・エージェントの力によって実現するまでには、まだかなりの時間がかかる。それに対して、法制度があまり複雑ではない場合には、スマートコントラクトが実用化されるまでに、ｅコマースほど長くはかからないかもしれない。

【ま行】

【や行】

【ら行】

【さ行】

索引

PHP
Business Shinsho

野口 悠紀雄（のぐち・ゆきお）

1940年東京生まれ。63年東京大学工学部卒業、64年大蔵省入省、72年エール大学Ph.D.（経済学博士号）を取得。一橋大学教授、東京大学教授、スタンフォード大学客員教授、早稲田大学大学院ファイナンス研究科教授などを経て、2017年9月より早稲田大学ビジネス・ファイナンス研究センター顧問。一橋大学名誉教授。専攻はファイナンス理論、日本経済論。
著書に『情報の経済理論』（東洋経済新報社、日経・経済図書文化賞）、『財政危機の構造』（東洋経済新報社、サントリー学芸賞）、『バブルの経済学』（日本経済新聞社、吉野作造賞）、『「超」整理法』（中公新書）。近著に『ブロックチェーン革命』（日本経済新聞出版社、大川出版賞）、『異次元緩和の終焉』（日本経済新聞出版社）、『仮想通貨革命』『仮想通貨革命で働き方が変わる』（ダイヤモンド社）、『日本経済入門』（講談社現代新書）、『世界史を創ったビジネスモデル』（新潮選書）など。

ホームページ『野口悠紀雄 Online』
http://www.noguchi.co.jp/

ツイッター
https://twitter.com/yukionoguchi10

PHPビジネス新書 388

入門 ビットコインとブロックチェーン

2018年1月8日　第1版第1刷発行
2018年2月6日　第1版第2刷発行

著者　野口悠紀雄
発行者　後藤淳一
発行所　株式会社ＰＨＰ研究所
東京本部　〒135-8137　江東区豊洲5-6-52
第二制作部ビジネス課　☎03-3520-9619(編集)
普及部　☎03-3520-9630(販売)
京都本部　〒601-8411　京都市南区西九条北ノ内町11
PHP INTERFACE　https://www.php.co.jp/
装幀・図版　齋藤　稔(株式会社ジーラム)
組版　有限会社エヴリ・シンク
印刷所　共同印刷株式会社
製本所　東京美術紙工協業組合

ISBN978-4-569-83730-7

「ＰＨＰビジネス新書」発刊にあたって

わからないことがあったら「インターネット」で何でも一発で調べられる時代。本という形でビジネスの知識を提供することに何の意味があるのか……その一つの答えとして「**血の通った実務書**」というコンセプトを提案させていただくのが本シリーズです。

経営知識やスキルといった、誰が語っても同じに思えるものでも、ビジネス界の第一線で活躍する人の語る言葉には、独特の迫力があります。そんな、「**現場を知る人が本音で語る**」知識を、ビジネスのあらゆる分野においてご提供していきたいと思っております。

本シリーズのシンボルマークは、理屈よりも実用性を重んじた古代ローマ人のイメージです。彼らが残した知識のように、本書の内容が永きにわたって皆様のビジネスのお役に立ち続けることを願っております。

二〇〇六年四月

ＰＨＰ研究所